決済の世界はこう動く！

図解 カードビジネスの戦略 第2版

本田 元
Honda Hajime ［著］

中央経済社

本書に記載されている内容は執筆時点のものであり，永続的な状況を示すものではありません。各法規や施行規則，自主規制などは状況に応じて変化しますので，その都度ご確認をお願いします。また，本文中に記載されている会社名，製品名は，各社の登録商標または商標であり，®またはTM，敬称は略させていただきました。本書を基になんらかの意思決定をされる場合は，それぞれの顧問弁護士，会計士などエキスパートの助言をあおいでください。
　なお，当然のことですが，本書は著者が現在または過去に属する組織の見解ではなく，個人の見解を述べるものです。著者は本書記載の内容によって引き起こされるすべての事象についてなんら責任を負うものではありません。

● はじめに ●

　この本は，一般消費者や企業でカードを担当されるビジネスマンに，カードマーケティング，そして決済カードに関する基本知識を得ていただくために書かれています。

　『図解カードビジネスの戦略』の初版が刊行されたのは2011年９月。
　当時，といっても２年前のことですが，VisaやMasterCardなど，ゼネラルパーパス（国際）ブランドの発行するデビットやプリペイド，ギフトカード，および海外で登場相次ぐNFCモバイル決済やmPOSを紹介しました。
　ところが，カードビジネスは急加速し，モバイル決済は次の世代に移行，mPOS に至っては機能が大幅に拡張し，世界中で算入が相次いでいます。
　さらに，本書執筆中にはJCBが各種の決済スキームをリリースし，アメリカン・エキスプレスは国内でのトラベラーズチェックの発行を停止しました。
　進化するカードビジネスの現在と未来を，ふたたび戦略的視点から取材し直し，ここに改訂版として発行しました。

　毎年新たに製造されるポイントカードは３億数千万枚にものぼり，クレジットカードも３億2,000万枚が発行されています。そして，大手企業の発行するポイントやマイレージは金額に換算すると年間１兆円に達します。つまり，ポイントの発行対象となる消費総額は，付与ポイントが１％なら100兆円にも達する計算です。民間最終消費支出は約300兆円であることか

ら，消費行動の約3分の1に何らかのカードが登場していることになります。

　世界一厳しいといわれる消費者と法制度，そして，高度な顧客対応力を持つサービス業が構成するわが国の市場は，世界で最も洗練されているカードマーケティング環境といっても過言ではありません。
　これからの国際間競争はますます熾烈になるでしょう。わが国が世界市場で勝ち残っていくためには，技術力・生産設備・各種法制度などのファンダメンタルズが洗練された状態であることが必要ですが，あわせて，ビジネスモデルが企業の投資牽引型から生活者による消費促進型へ，そして資源消費型からエコロジー型へ，量的拡大策から質重視へさまざまな経済のモデルシフトを図っていく必要があり，カードビジネスもその例外ではありません。

　ここ数十年，さまざまな企業や団体が，自社のマーケティング戦略の重要なツールとしてカードビジネスに参入をしてきました。
　スモールスタートから大きな会員組織に成長を遂げたカードもありますが，著名な大企業や外資が膨大なコストを掛け，一気に参入しても，あっけなく市場から撤退してしまう事例も後を絶ちません。また，子会社としてスタートしたカードビジネスが，親会社の破綻にもかかわらず脈々と生き続けている例も多々あります。
　それはなぜでしょうか？

　実は，カードビジネスは「装置産業」といわれます。つまり，カードはコンピューターシステムへのアクセスキーでしかないのです。
　カードの各種サービス機能は，通信回線上でつながったコンピューターシステムとプログラムによって，消費者の生活行動と密接に接続されてい

るのです。そして，消費行動には「決済」が必ず伴います。

　一見，プラスティックからできた「板」にしかすぎないカードは，表面的にはデザインでしか差別化できません。しかし，そのサービス機能の差や事業としての永続性は，背後にある堅牢な通信ネットワークと，高度なコンピューターシステムによって裏付けられており，決済機能の有無など，その能力差は歴然としています。

　しかし，外部からシステムの善し悪しを判別するのは困難です。

　各雑誌では毎年ポイントカードやクレジットカードの特集があり，消費者に対して重要な情報を提供しています。しかし，永続性の視点からポイントサービスを見たとき，特典の改廃どころか該当のカードプログラム自体が市場から姿を消してしまう事例も散見されます。

　このことは，カードビジネスの事業構築の際に金融決済機能を考慮しなかったことと，サービス機能を実現するコンピューターシステムの設計が，市場に適合していなかったことが理由と見ていいでしょう。

　つまり，企業のマーケティング担当者や経営企画の担当者は，表面的なポイント付与合戦に陥ることなく，長期企業戦略の柱となる「決済のしくみ」をシステム担当者とともに設計，構築する必要があるのです。

　一方，消費者の視点から見たとき，ポイントの蓄積には一定の時間が必要であり，氾濫するクレジットカードから数枚のメインカードを選択し，クレジットヒストリーを積み重ねていくためにも，カードの本質を見極める必要があります。

　本書では，より高度なマーケティング機能を搭載するために，金融決済機能の重要性を国際的な情報も加えて解説しています。具体的にはポイントプログラムなどのサービス機能に加え，デビット，プリペイド，クレジットなど，金融決済機能付加の必要性を説いています。

　昨今の金融決済はボーダレス化が進んでいます。特に決済カードはVisa,

MasterCardをはじめクレジットからデビット，プリペイドに比重が移っています。これは中国"銀聯(ぎんれん)"カードも例外ではありません。
　1980年代，わが国はICカードの開発などで世界をリードしていました。また，2000年以降も非接触決済で先行していました。いわばカード先進国で「あった」といえるでしょう。
　しかし，欧州ではすでに100% ICカード化が達成され，Visaにおいてはデビット，プリペイドの取扱いがクレジットカードを凌駕しています。さらにわが国のお家芸ともいえる「おサイフケータイ」も姿を変えて世界中でスマートフォンに搭載されました。
　筆者は技術力や制度などのファンダメンタルズが高水準であることが必要であると述べましたが，ガラパゴスであってはならないとも感じています。

　本書の執筆にあたり，海外からの情報収集と現地での調査に力を入れました。ここ数十年，わが国のカードビジネスは独自の発展を遂げてきましたが，これからは国際的視点を加えてカードビジネスを展開する必要があるでしょう。

　本書の執筆に際しては，消費者はもちろん，マーケティングや事業企画などカードビジネスに役立つ幅広い視点でカードシステムに関する知識を平明に解説することにつとめています。
　本書が，消費者とカードビジネスにかかわるすべての人々の一助となれば幸甚です。

2013年11月

著　者

目　次

●はじめに

第1章　国際カードブランドとペイメント ……1

1. 2種類の形態がある国際ブランド管理組織 ……………… 2
2. 国際ブランド決済のしくみ ……………………………… 4
3. マルチアクアイヤリング ………………………………… 6
4. シングルアクアイヤリング ……………………………… 8
5. わが国に多い特有の加盟店契約制度 …………………… 10
6. 決済カードのデータはどう流れていくのか？ ………… 12
7. 世界のカードと日本のカードの支払方法 ……………… 14
8. 海外でみられる多種類の決済カード …………………… 16
9. 多様化する国内プリペイド・ギフトカード …………… 18
10. 多様な支払方法を持つわが国のカード ………………… 20
11. クレジットカードとショッピングクレジット ………… 22
12. 1回払い（マンスリークリア）………………………… 24
13. 分割払い（インストールメント＝installment plan）……… 26
14. さまざまなリボルビング払い1：定額リボルビング＝based on amount minimum payment ……………………………… 28
15. さまざまなリボルビング払い2：定率リボルビングと残高スライドリボルビング ………………………………………… 30

i

16 さまざまなリボルビング払い 3：ウイズインとウイズアウト 32
17 さまざまなリボルビング払い 4：前月残と当月残 34
18 実質年率表記とアドオン表記 36
19 「あとからリボ」の起源は海外小切手支払い 38

第2章　国際ブランドの現状と未来 41

1 SEPA：ユーロ単一決済地域とプロジェクト 42
2 SEPA圏内で達成されたICカード化 44
3 SEPA圏内の低価格ICカード決済端末 46
4 SEPA（欧州）と北米，ICカード化の温度差が産む課題 48
5 決済の電子化を急ぐSEPA圏内の社会背景 50
6 再構築が始まった国際ブランドの枠組み 52
7 世界のクレジットとデビット 54
8 SEPA圏内および米国の消費者信用法制 1 56
9 SEPA圏内および米国の消費者信用法制 2 58
10 SEPA圏内および米国の信用情報センター 60
11 SEPA圏内および米国の上限金利規定 62
12 上限金利規制に対応する新しい審査手法 64
13 Visa, Inc. ① 国際ペイメントの最大手 66
14 Visa, Inc. ② プリペイドの新しいプレイヤー 1 68
15 Visa, Inc. ③ プリペイドの新しいプレイヤー 2 70
16 Visa, Inc. ④ プリペイドの新しいスキーム「リワードカード」... 72
17 Visa, Inc. ⑤ プリペイドが福祉行政を効率化する

|17| : Currency of Progressへの取組み ……………………… 74
|18| Visa, Inc. ⑥ 国際基準の非接触決済"Visa payWave"……… 76
|19| Visa, Inc. ⑦ Visaヨーロッパ"Vpay" …………………… 78
|20| JCB① 日本で唯一の国際ブランド ………………………… 80
|21| JCB② フルライン決済プロダクト ………………………… 82
|22| JCB③ 世界に広がるT＆Eカード ………………………… 84
|23| JCB④ 顧客志向と「日本品質」 …………………………… 86
|24| JCB⑤ 加盟店に向けて …………………………………… 88
|25| MasterCard① 最新テクノロジーで世界のペイメント業界をリードする ……………………………………………………… 90
|26| MasterCard② 各ブランドおよびソリューションについて … 92
|27| MasterCard③ 非接触IC決済 *PayPass*の今後 ………………… 94
|28| MasterCard④ 最新技術　MasterCard inControl 1 ………… 96
|29| MasterCard⑤ 最新技術　MasterCard inControl 2 ………… 98
|30| MasterCard⑥ 最新技術　多通貨ICプリペイドカード ……　100
|31| MasterCard⑦ 最新技術　MasterPass 1 …………………　102
|32| MasterCard⑧ 最新技術　MasterPass 2 …………………　104
|33| MasterCard⑨ グローバルな研究開発体制 …………………　106
|34| 銀聯（UPI＝UnionPay International）① アジアから世界へ　108
|35| 銀聯（UPI＝UnionPay International）② アジア・太平洋地域における銀聯 …………………………………………………　110
|36| 銀聯（UPI＝UnionPay International）③ 高いセキュリティと日本国内サービス …………………………………………　112
|37| ダイナースクラブ　高い会員属性と加盟店のグレード ……　114

38	アメリカン・エキスプレス	116
39	国際ブランド，何を選択するか？	118
40	DCC（Dynamic Currency Conversion＝動的通貨換算）	120
41	デビットカードの加盟店手数料に上限規制	122
42	楽天Edy① 利用者（消費者・加盟店）目線と技術基盤	124
43	楽天Edy② 中立で展開する決済ビジネス	126
44	楽天Edy③ ネット決済展開	128
45	nanaco 流通業界最初の非接触IC電子マネー	130
46	Suica・PiTaPa 世界に誇る高速処理	132
47	PiTaPa 関西民鉄のポストペイ	134

第3章　スマートフォン決済の行方　137

1	モバイルワレット（wallet＝財布）	138
2	モバイルPOS（Point of sale＝販売時点）システム	140
3	わが国のモバイルPOS（mPOS）	142
4	モバイルPOS（mPOS）の高度化	144
5	モバイルPOS（mPOS）とマーケティング・マーチャンダイジング	146
6	モバイル決済の特徴	148
7	モバイル決済とイノベーション	150
8	モバイル決済のしくみ	152
9	普及期を迎えたモバイル決済	154
10	NFCで広がるモバイル端末の用途	156

11	モバイル決済の普及予測	158
12	スマートフォンが変える加盟店端末	160
13	スマートフォン端末の特徴	162
14	スマートフォン加盟店への申し込み：米国Squareの事例	164
15	スマートフォン加盟店の本登録：米国Squareの事例	166
16	スマートフォンのカードリーダー：米国Squareの事例	168
17	スマートフォンでカードを決済する 1：米国Squareの事例	170
18	スマートフォンでカードを決済する 2：米国Squareの事例	172
19	高度化するスマホ決済	174
20	Bluetoothと指紋認証がショッピングを変える	176

第4章　カードとマーケティング 179

1	カードビジネスにおけるマーケティング活動	180
2	カードビジネスにおけるマーケティングミックス	182
3	消費者はカードを欲しがらない?!	184
4	カスタマーロイヤリティとカード	186
5	顧客ロイヤリティが進むとキャッシュレスになる	188
6	真の競合はどこなのか？	190
7	垂直差別化と水平差別化（区別化）	192
8	経済的差別化 1	194
9	経済的差別化 2：ポイントによる経済的差別化は可能か	196
10	社会的差別化	198
11	構造的差別化	200

12	カードと情報サービス ………………………………………	202
13	カードとデータベース ………………………………………	204
14	正確な顧客データベースの構築と運用 1 …………………	206
15	正確な顧客データベースの構築と運用 2 …………………	208
16	正確な顧客データベースの構築と運用 3 …………………	210
17	正確な顧客データベースの構築と運用 4 …………………	212
18	正確な顧客データベースの構築と運用 5 …………………	214
19	正確な顧客データベースの構築と運用 6 …………………	216

付録　クーポン戦略に活かす決済カードデータベース………… 219
注釈…………………………………………………………………… 224
●おわりに…………………………………………………………… 225

コラム

- 世界はICカード時代に突入した……………………………………… 40
- 築き上げたい自分自身の信用情報…………………………………… 61
- Vpayカードの実際 …………………………………………………… 79
- 海外における「日本品質」JCBプラザ……………………………… 87
- ワレット普及には生体認証が欠かせない…………………………… 105
- なぜカードに有効期限があるのか？………………………………… 107
- 欧州の特徴ある流通系ペイメントカード…………………………… 136
- mPOSを使ってみて…………………………………………………… 143
- 世界に広がるモバイル決済…………………………………………… 153
- 便利なiPhoneの機種入れ替え ……………………………………… 157
- モバイルペイメントの特徴…………………………………………… 159
- 海外中小商店に広がるモバイルカード端末………………………… 161
- パリの青空市場ではカードが使えます……………………………… 163
- 取材旅行とカードとインターネット………………………………… 178

- 教会のお布施もカード払い……………………………………………………… 203
- 世界で広がる汎用ギフトカード………………………………………………… 218

第1章

国際カードブランドとペイメント

◆

　この章では，決済カードの国際的な決済のしくみや，契約内容によって異なる決済スキームについて解説します。また，ペイメントのなかでクレジットの持つ機能や各種支払方法についても解説しています。

　Visa，MasterCardなどの国際ブランドについては，より広く「決済」という意味を持つ「ペイメント」カードという用語を使用しています。なぜなら，現在の国際ブランドは，クレジットカードだけではなく，デビットカードやプリペイドカード，そしてギフトカードもラインアップしているからです。

　「国際ブランド」という言葉はわが国特有の単語で，世界的には著名なカード業界レポートであるThe Nilson Reportが使用する「Global General Purpose Cards」もしくは「The Network Branded Payment Card」がふさわしいのですが，本書ではわが国で一般的な「国際ブランド」という表現を用います。

第1章 国際カードブランドとペイメント

1 2種類の形態がある国際ブランド管理組織

▶協同組合型国際ブランド

　国際ブランドには，VisaやMasterCardのようにブランドレギュレーション（規約）の決定や各発行機関間の調整，新しい決済スキーム，そして国際決済ネットワークの管理運営に専念する協同組合組織から発展してきたブランドがあります。彼らは，自らはカード発行業務を行っていません。中国銀聯もその方式に近いといえるでしょう。

　実際のカード発行や加盟店の開拓と管理は，それぞれの国際ブランドに加盟するカード会社（国際ブランドメンバー）が行います。つまり，複数のカード会社が加盟する巨大な国際組織なのです。

　世界的には，銀行など金融機関がカードを発行することから，そのカードには金融や融資機能が充実しており，クレジットカードではリボルビングカードが大きなウエイトを占めています。

▶カード発行業務も行う国際ブランド

　一方，JCBやアメリカン・エキスプレス，ダイナースクラブは自らもカードを発行します。

　そして，世界中に存在する現地子会社やフランチャイズカンパニーをはじめ，ブランドを貸与するカード会社などサードパーティを通じブランドカードを発行します。

　もともと，アメリカン・エキスプレスは旅行会社であり，ダイナースクラブなどはエンターテインメント系であるため，決済機能は翌月一括払いの「チャージカード」が高いウエイトを占めています。

協同組合型，国際ブランド

- 自らはカード発行業務を行わない
- ブランドレギュレーションの策定
- 新しい決済スキームの開発，調整
- 国際決済ネットワークの管理運営

カード発行業務実施型，国際ブランド

- イシュア，アクアイヤラー業務を行う
- フランチャイズ，サードパーティからも発行
- ブランドレギュレーションの策定
- 新しい決済スキームの開発，調整
- 国際決済ネットワークの管理運営

第1章 国際カードブランドとペイメント

2 国際ブランド決済のしくみ

▶なぜ，国際ブランドカードは海外でも使えるのか？

　カードビジネスは会員と加盟店網によって成り立っています。会員が多いほど，あるいは使用できる加盟店が海外も含め，多いほど有利であることはいうまでもありません。

　しかし，国内のカード発行会社が国内外の隅々まで加盟店網を構築することは現実的ではないでしょう。

　そこで，カードを発行するイシュア業務と，加盟店を管理するアクアイヤリング業務の2つの業務が，それぞれ独立した業務としても成立するように，広範囲な提携と契約網が構築されています。

　発行されたカードが利用できる加盟店の契約内容は一般的に

1．オンアス（on us）
　カードを発行しているカード会社が契約した加盟店
2．加盟店開放
　カードを発行している会社と提携している，国内のカード会社が契約した加盟店
3．国際提携
　カードを発行しているカード会社が連携している，国際的な機関（Visa，MasterCardなど）と提携関係にある，国外のカード会社が契約した加盟店

の3種に分類することができます。

オンアス取引

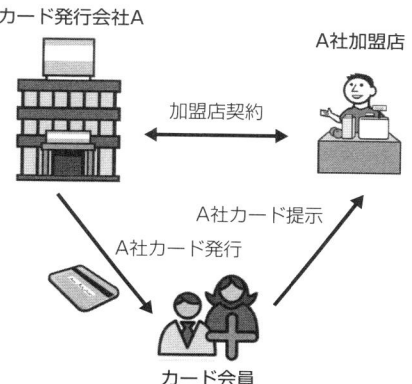

カード会員が発行を受けたカード発行会社Aが持つ，豊富なカードサービス機能をA社が直接加盟店契約を結んだA社加盟店で利用できる。

国際ブランドVisaを使ったインターチェンジ取引の例

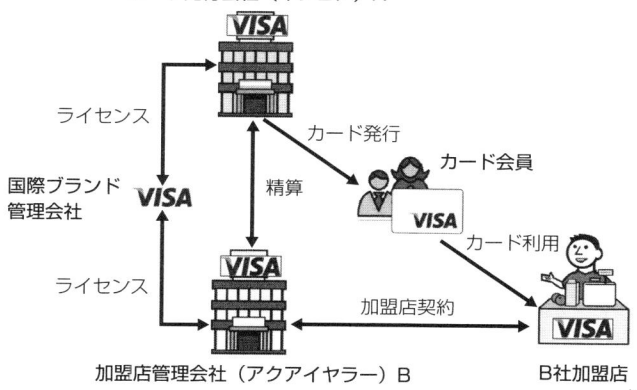

カード会員が発行を受けたカード発行会社Aが加盟する国際ブランド「Visa」を持つ国内外のすべての「Visa加盟店」（この場合B社加盟店）で利用できる。

第1章 国際カードブランドとペイメント

3 マルチアクアイヤリング

▶加盟店とマルチアクアイヤリング

　国内のVisaとMasterCardは，加盟店1社に対して複数のアクアイヤラーが存在するマルチアクアイヤリング方式です。1つの加盟店に対し，複数のカード会社が加盟店契約を締結しています。

　国際ブランドのプリンシパル（重要）メンバー（加盟会社）は2013年版日本クレジット産業白書（「月刊消費者信用」2013年9月号）によれば，Visaが27社，MasterCardが24社，両方のライセンスを所持しているのが14社となっています。

　わが国は諸外国と異なり，銀行がクレジットカード業務を行うことができませんでした。その結果，信販系や流通系など多くのローカルブランドが設立されてきました。

　そして，それぞれのローカルブランドごとに加盟店を開拓してきたため，加盟店1社が複数のカード会社と契約を締結したマルチアクアイヤリング体制となっています。

　加盟店は，複数のローカルブランドと提携することにより，それぞれの発行するカードの特徴ある支払方法（ペイメントオプション）やギフトカードの受け入れ，柔軟な精算処理など特徴あるサービスを受けることができます。

　一方，それぞれのアクアイヤラーごとに売上の集計や請求，そして入金確認などが発生しますので事務効率が低下するという課題も発生します。

国内のプリンシパルメンバーとマルチアクアイヤリング

加盟会社	VISA	MasterCard
あおぞら銀行	○	
青山キャピタル		○
アコム		○
アプラス	○	○
イオン銀行		○
イオンフィナンシャルサービス	○	
SBIカード	○	○
NTTファイナンス		○
エポスカード	○	
エムアイカード	○	
オムニカード協会加盟各社		○
オリエントコーポレーション	○	○
クレディセゾン	○	○
ジェイティビー	○	
シティバンク銀行	○	
ジャックス	○	○
ジャパンネット銀行	○	
すみしんライフカード	○	
スルガ銀行	○	
セディナ	○	○
ソニー銀行	○	
ソフトバンクペイメントサービス	○	○
トヨタファイナンス	○	○
トラベレックスジャパン		○
日立キャピタル		○
VJA	○	
ポケットカード		○
三菱東京UFJ銀行	○	
三菱UFJニコス	○	○
ヤフー	○	○
ゆうちょ銀行	○	○
UCS		○
ユーシーカード	○	○
ライフカード		○
楽天カード	○	○
楽天銀行	○	
りそな銀行	○	○

加盟店

出典：「月刊消費者信用」2013年9月号より

第1章 国際カードブランドとペイメント

4 シングルアクアイヤリング

▶加盟店とシングルアクアイヤリング

　加盟店との契約を1つのカード会社が代表して行う契約形態をシングルアクアイヤリングといいます。

　諸外国では加盟店のメインバンクがアクアイヤリングを行うケースを多く見ることができます。

　国際ブランドとしてのJCBは，国内加盟店に対応するアクアイヤリングがJCB1社であるシングルアクアイヤリング体制です。

▶マルチブランド「シングル」アクアイヤリング

　しかし，JCBはアクアイヤリングにおいて複数の国際ブランドとも提携をしています。具体的にはアメリカン・エキスプレス，ダイナースクラブ，ディスカバー，UP（UnionPay＝中国銀聯(ぎんれん)）をはじめとして，非接触ICブランドであるQUICPayやiDもJCBが提携するアクアイヤリングの対象となっています。

　今後はSEPA（Single Euro Payments Area＝ユーロ単一決済地域）など新しい決済スキームのアクアイヤリングにも対象が広がってゆく可能性があります。

　これはマルチブランド「シングル」アクアイヤリングともいうべき新しいスキームです。

　加盟店はJCBとの契約により，さまざまな決済ブランドを取り扱うことができるのです。

JCBのマルチブランド「シングル」アクアイヤリング

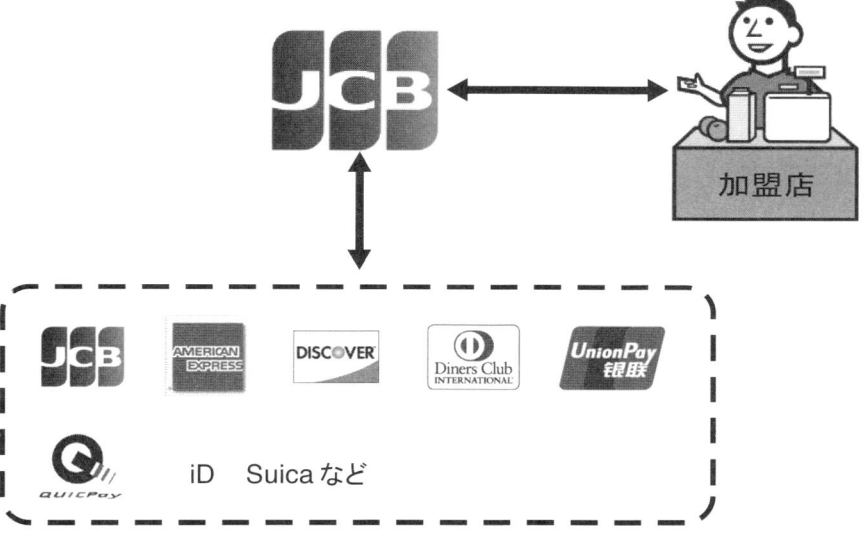

北ヨーロッパ観光地のATM表示

第1章 国際カードブランドとペイメント

5 わが国に多い特有の加盟店契約制度

▶わが国のアクアイヤリング

　加盟店契約の1つ，アクアイヤリング契約について説明しておきます。加盟店で取り扱われるカード売上債権の精算契約をアクアイヤリング契約といいます。

　海外では，一般的に加盟店のメインバンクである金融機関の1行がクレジットカード債権のすべてのブランド精算を行う「シングル」アクアイヤリングです。

　それに対しわが国では，銀行が長年クレジットカード業務を手がけていなかったために，多数のノンバンクが独自のローカルブランドを立ち上げると同時に，VisaやMasterCardのアクアイヤリングができるプリンシパルメンバーとなりました。

　それによって，複数のカード会社が1つの加盟店に対し，ローカルブランドも含めたブランド精算を行う「マルチ」アクアイヤリング体制となりました。

　この場合，VisaやMasterCardの国際ブランドがついていても，ローカルブランド分を対象に直接精算する「オンアス（on us）」となります。

海外に多い，シングルアクアイヤリング

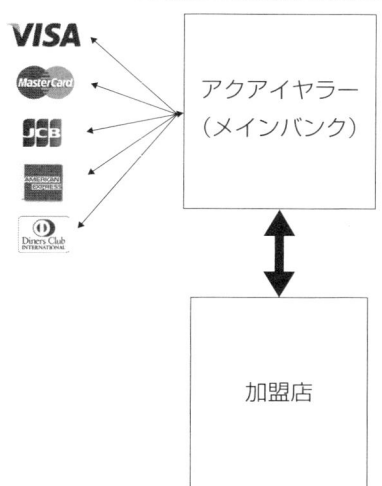

1加盟店につきアクアイヤラー1社が加盟店契約を行い，ブランドマークを付した全カードの受け入れの保証と代金の立替払いを行う。

わが国に多い，マルチアクアイヤリング

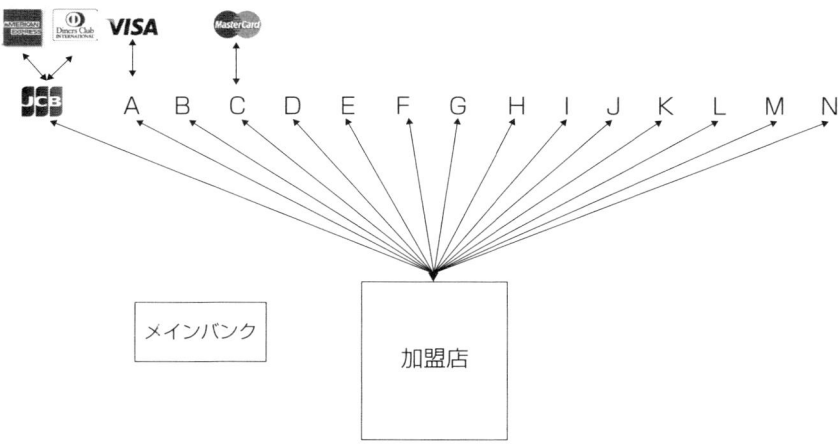

カード会社各社が個別に加盟店と契約を行い，その中の1社もしくは2社が その他のVisa，MasterCardの精算契約を行う。

6 決済カードのデータはどう流れていくのか？

▶国内

　世界中の加盟店で決済されたカードのデータは，カード番号にある発行団体をあらわす6桁の番号，BIN（Bank Identification Number，銀行識別番号）コードによって，データの送り先（仕向先）が決定されます。

　加盟店の契約しているカード会社（アクアイヤラー）と，発行しているカード会社（イシュア）が同じであれば（オンアス契約）直接発行会社に送られます。わが国では複数のカード会社が加盟店と契約しています。それ以外のカード会社は，BIN番号に基づいてネットワーク内を通過し，発行会社に届けられます。日本国内の場合，実際には加盟店とアクアイヤラー間，INFOXやJET－Sなどの決済端末が接続する国内決済ネットワークが介在し，複数のカード発行会社へのデータ宛先振り分け（スイッチング）を行っています。

　また，中小加盟店やネット決済の場合，大手アクアイヤラーの間に決済代行会社が入る場合もあります。

▶国内カードの海外加盟店利用

　海外では，代表アクアイヤラーからのデータは国際ブランドネットワークに仕向けられますが，VisaブランドメンバーはVisaの国際ネットワークVisaNetに接続しているイシュアに直接届きます。それ以外のデータは国外のネットワークからわが国のネットワークにいったん送られ，そこからそれぞれのイシュアに送られます。

▶海外カードの日本国内加盟店利用

　わが国の加盟店では，カードブランドごとに代表アクアイヤラーから，VisaであればVisaNetで，それ以外は国内ネットワークから海外ネットワークに送られ，それぞれのイシュアに送られます。

カード決済データの流れ

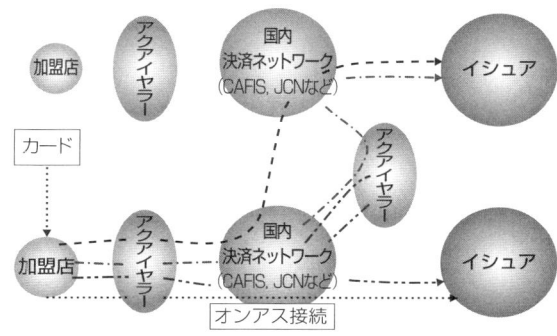

国内カードの海外利用

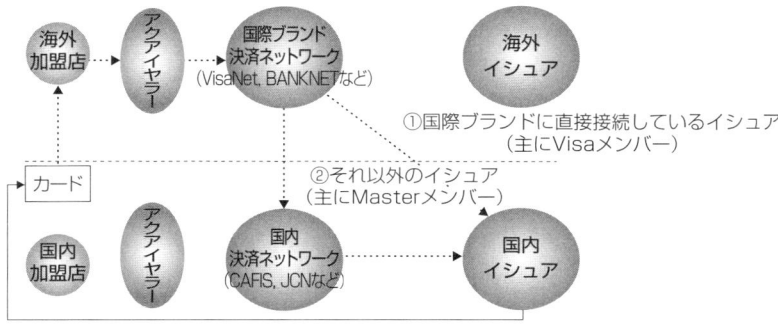

海外カードの日本国内利用

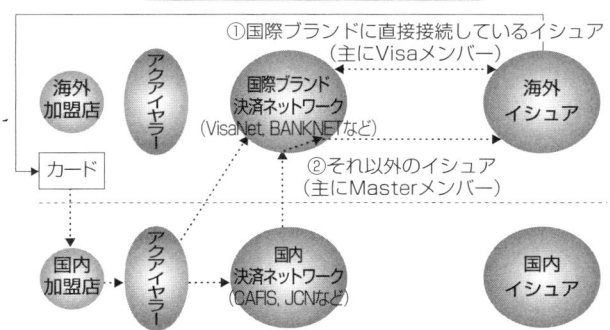

第1章 国際カードブランドとペイメント

7 世界のカードと日本のカードの支払方法

　わが国の加盟店レジで，海外と異なることが1点あります。それは，「支払方法」を聞かれることです。
　海外のレジでは，一般的に支払方法を聞かれることはありません。
　海外では販売員のカード端末機操作は，基本的に売上げ「黒伝（票）」，取消し「赤伝（票）」そして伝票の再印字です。
　一方，わが国では多くの場合，支払方法の入力が必要です。
　具体的には，1回払い，2回払い，ボーナス一括払い，ボーナス2回払い，回数指定分割払い，リボ払いなどがあります。

▶海外のカード決済

　海外のカード処理は単純に支払手段としての「カード決済」処理です。
　消費者は自分の都合に合わせて，国際ブランドが付いている多種類の決済カード（リボ専用カードや1回払い専用カード，デビットカード，プリペイドカードなど）を使います。つまり，消費者がカードを選んだ時点で基本的支払方法が決定されるのです。

▶わが国の特徴

　一方，わが国の国際ブランドのついたカード決済は，クレジットカードが中心です。しかも，そのクレジットカードは1枚で1回払いをはじめ，分割払いなど個別クレジットから派生した支払方法や，わが国に特有の，賞与制度に合わせたボーナス払いなどの多種類の支払方法を持っています。
　したがって，レジでは1枚のカードが持つ多種類の支払方法から，消費者が支払方法を選択する必要があるのです。

海外のレジでは売上および,
取消(返品)などの簡単な操作が中心。

わが国のレジでは,支払方法の指定が必要。

8 海外でみられる多種類の決済カード

　海外では，次のような多種類の国際ブランド決済カードが発行されていますが一見しただけでは区別が付きません。

- ギフトカード：コンビニ等で販売される無記名，使い切りの国際ブランドカード。ショッピングのみ使用できます。20ドル，100ドル，200ドル，500ドルなどの定額カードと，任意の金額をチャージできるカードがあります。
- リワード（報償）カード：企業の従業員報償やインセンティブ，特別配当，プロモーション（景品），ポイント価値をチャージしたカードなど，ギフトカードの1種です。
- プリペイドカード：ノンバンクが発行する，前払いカード。
コンビニ等で販売され，レジで任意の金額を発行会社のサーバー上にチャージできます。基本的には発行国内でのショッピングに限定されます。ただし，本人認証後は再チャージ可能となり，海外やATMでの現金引き出しにも使えます。
- デビットカード：金融機関の口座に連動して即時決済されるカード。
残高の範囲内で利用可能ですが，その口座に口座貸越やローンが設定されていれば，クレジットカードの機能を持つことになります。
- クレジット「チャージカード」：日々の利用が月単位で集計され，その全額を毎月一括で支払うカードです。T＆Eカードに多く，マンスリークリア方式とも呼ばれます。
- クレジット「リボルビングカード」：毎月の請求額から，定められた最低金額（ミニマムチャージ）を支払えば，残額は翌月に繰り越しできるものをいいます。

多種類の決済カード

国際ブランドギフトカード

国際ブランドリワードカード

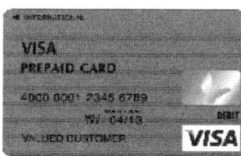
国際ブランドプリペイドカード

国際ブランドデビットカード

国際ブランドクレジット
「チャージ」カード

国際ブランドクレジット
「リボルビング」カード

※ディレイドデビット（delayed settlement debit）
デビットカードのうち，利用時から決済までに2～3日かかるタイプのものをいいます。ディファードデビット（deferred debit）ともいいます。

第1章 国際カードブランドとペイメント

9 多様化する国内プリペイド・ギフトカード

　海外の国際ブランドは，1つのブランドでクレジット，デビット，プリペイド，ギフトなど各種の決済プロダクトを持っています。

　わが国では，決済ネットワークの処理環境が異なるため，リアルオンライン決済を必要とする，デビット，プリペイド，ギフトカードの導入が進みませんでした。

　したがって，国内発行のプリペイドカードには海外専用やネット決済専用のプリペイドカードが多かったのですが，2013年クレディセゾンがVisaプリペイドカードを発行しました。それに対しJCBや三井住友カードが発行するプリペイドカードは独自ブランドを持ち，使用できる加盟店が限られています。しかし，環境整備が進むにつれて，日本をはじめ，世界の加盟店で使用できるプリペイドカードを国内各社が発行することになるでしょう。

▶マネーローンダリングと決済カード

　マネーローンダリングと決済効率化の観点から，決済は履歴の残らない現金決済から，履歴が残る電子決済へと移行していく必要があります。

　しかし，わが国では貸金業法や割賦販売法により，与信が制限されるクレジットカードが決済プロダクトの主流で，発行対象が限定されます。しかも，銀行口座に決済が連動し，発行対象が広いジェイ-デビットはわずか5千億円程度の規模しかなく，年々減少しています。

　つまり，世界が要求するマネーローンダリング対策と決済環境の合理化高速化を推進するためには，クレジットカードと同様の国際ブランドを冠したデビット，プリペイド，ギフトカードの導入が必要です。

　次の表は，わが国で発行される，代表的なプリペイドカードとギフトカードです。それらは加盟店が限られる独自ブランドカードと，トラベラーズチェックの代替プロダクトである海外専用プリペイドカード，そして幅広い加盟店で

わが国で発行される代表的なプリペイド・ギフトカード

	発行会社	ブランド	利用範囲	特長
JCBプリペイド	JCB	独自ブランド	独自加盟店	ギフトカード機能
三井住友韓国トラベルプリペイド	三井住友カード	独自ブランド	韓国内独自加盟店	
三井住友プレミアムギフト	三井住友カード	独自ブランド	独自加盟店	
キャッシュパスポート	アクセスプリペイドジャパン	MasterCard	海外専用	ICチップ付き・多通貨
NEOマネー	クレディセゾン	Visa	海外専用	
MoneyT Global	JTB	Visa	海外専用	
V・プリカ	ライフカード	Visa	世界	ネット専用
楽天バーチャルプリペイド	楽天カード	MasterCard	世界	ネット専用
e-さいふ（Visaバーチャルプリカ）	三菱UFJニコス	Visa	世界	ネット専用
ドコモ口座Visaプリペイド	NTTドコモ	Visa	世界	ネット専用
バニラVisaオンライン	SBIカード	Visa	世界	ネット専用
Visaプリペイド	クレディセゾン	Visa	世界	

※主要国内発行プリペイド（ギフト）カード

使用できるプリペイドカードの3種類に分けられます。

　海外専用プリペイドカードでは，欧州でも広範囲で使用できるICチップ付き多通貨対応のキャッシュパスポートと，クレディセゾンが発行するVisaプリペイドの汎用性があります。

第1章 国際カードブランドとペイメント

10 多様な支払方法を持つわが国のカード

　前述のように、海外の決済カードのほとんどが、カードごとに1種類の支払方法しかないのに対して、わが国のカードは1枚で多種類の支払方法を持っています。

▶ボーナス払い（ボーナス一括払い，ボーナス2回払い）

　わが国の賞与（ボーナス）制度は、世界的にみても特殊な給与形態です。海外のボーナスは「報償」や「特別配当」の意味が強く、特別の功績や業績に対し支払われます。その金額も、おおむね0.5カ月か1カ月分程度であり定期的なものではありません。

　しかし、わが国の賞与は、商家の住み込み奉公人に対して、盆と暮れの年2回に支給した「仕着せ」が、生活一時金として正規の給与体系に組み込まれてきた歴史があります。また、ボーナス払いは、江戸、明治、大正、昭和初期にかけて「行商人」や商家の代金回収が、農家の収穫期や盆暮れの一括払いであったことに由来します。

▶分割払い

　不動産、自家用車、耐久消費財、スーツ・ドレスなどのように、潜在的な需要はあるものの、経済的事情によって購入が進まない商品の販売促進手段として、古くから流通業や耐久消費財製造業では、分割払いによる個別信用販売が販売促進策としてあり、その業務をあっせん代行する信販業界がうまれました。

　この流通業や信販業が、クレジットカード事業に参入する際、この分割払いや、類似するリボルビング方式をカードの支払方式に組み入れたのが分割払いです。

多様な支払方法を持つ日本のカード

- 1回払い
- 2回払い
- ボーナス一括払い
- ボーナス2回払い
- リボ払い
  - リボ払い With In
  - リボ払い With Out
- 分割払い
  - 3, 4, 6, 8, 10, 12, 24, 36回 など

　一方，金融機関傘下の銀行系クレジットカード会社には，リボ払いと分割払いが認められていませんでした。
　ただし，分割払いの定義に「3回以上」との記載があったため，2回払いとボーナス2回払いがうまれています。

▶**使われているのは「1回払い」に代表される非割賦方式**

　わが国のクレジットカードは，多くの支払方法を持っていますが，現実に使用されているのは割賦が3兆6,981億円に対し，非割賦は45兆9,045億円（日本の消費者信用統計 平成25年版）となっています。

第1章 国際カードブランドとペイメント

11 クレジットカードとショッピングクレジット

　クレジットにはクレジットカードを利用する「包括信用購入（旧総合割賦）」とカードを使用せず個別に契約を結ぶショッピングクレジット「個別信用購入（旧個品割賦）」があります。

　ショッピングクレジットはクレジットカードがどんなに普及しても無くなることはありません。

　なぜなら，ショッピングクレジットには，カードにはない独自の機能があるからです。

▶商品と契約が接続している

　クレジットカードが決済という機能に特化し，基本的に融資（キャッシング）と販売信用（ショッピング）の2つの分類しかないのに対し，ショッピングクレジットは単品単位の契約です。

　したがって，ショッピングクレジットは，1つの商品に的を絞った販売促進プロモーションに用いられることがあります。

　具体的には，「金利手数料なし（加盟店負担）」「低金利クレジット」「金利キャッシュバック」など特定の契約体系を個別に適用できるのが強みです。

▶与信審査の自由度が高い

　クレジットカードが，一定額の与信なのに対し，ショッピングクレジットは，購入する商品が限定されます。

　したがって，与信ランクが低く，クレジットカードを持てない消費者でも契約できる可能性があります。また，クレジットカードは与信限度額が設定されていますが，ショッピングクレジットは一般的なカード限度額を超える自動車や不動産の契約にも用います。

ショッピングクレジットとクレジットカードの比較

	ショッピングクレジット	クレジットカード
利用限度額	低価格から高額まで	カードの限度額
消費者手数料	自由に設定	あらかじめ決定されている
加盟店手数料	自由に設定	あらかじめ決定されている
契約単位	単品単位	カード契約者単位
支払方法	リボルビング以外 ※スキップクレジットなど	カードが持つ支払方法
加盟店精算	自由に設定	加盟店契約による
加盟店契約	都度契約（店別，地域別など）	企業単位の一括契約
契約手続き	申し込み単位で必要	クレジットカードがあればサインもしくは暗証番号

※スキップクレジット＝支払開始時を任意の時期から開始する契約。

12　1回払い（マンスリークリア）

▶クレジットカードの基本「期限の利益」と金利・手数料

　クレジットカードは，購入から最終の支払いまでに時間差があります。つまり，1回払いや分割払いの適用で，支払「期限」が延びることにより，カード利用者は「利益」を受けることになります。これを「期限の利益」と呼びます。一方，デビットカードは，すぐに口座から引き落とされるので「期限の利益」はありません。

　クレジットカード会社は，「期限の利益」を利用者に与える見返りに「利息，手数料」を受け取ることになります。一般のクレジットカードの1回払いには利用者に「金利，手数料」はかかりませんが，加盟店には集客と商品の販売拡大という利益がカード会社からもたらされますので，その対価として加盟店はカード会社に加盟店手数料を支払います。

▶クレジットカードの特徴はデータ蓄積

　クレジットカードはいったん，利用データを蓄積することから，さまざまな利点がうまれます。たとえば，クレジットカード会社は支払方法を再度分割したり，ボーナス支給時まで延長して，金利収入を得ることができます。また，加盟店などは，利用地域を集計して，地域支援インセンティブやスタンプラリーとすることができます。

　そして，特定業種とのタイアップで，対象加盟店の利用インセンティブを企画して，結果を集計することもできます。クレジットカードからは，利用履歴や利用者の情報が残りますので，履歴をベースに各種の保証や保険の付保など，現金払いではできない機能が付加できます。

▶100名の家庭外商とカードデータベース

　家庭外商制度とは，優秀な担当者が個別訪問する販売形態です。

　一見，顧客情報管理が万全なように見えますが，顧客の転居を100％把握することは，外商制度でも困難です。

　筆者の経験ですが，特定メーカーのファンヒーターにリコールが発生したとき，家庭外商販売分で転居を追跡することができず事故が発生しましたが，クレジットカード顧客は全件連絡がつき，購入顧客は難を逃れることができました。

　転居されていても，勤務先や買い物で立ち寄った加盟店の記録など，クレジットカードは販売データを基にした，強力な顧客管理機能を持っているからです。

13 分割払い(インストールメント =installment plan)

1つの商品や、サービス(語学研修やエステなどの役務の提供)を購入する際に、その代金を複数回に分割して支払う方式です。

自社で割賦を行う方法と、クレジット会社が仲立ちを行う「あっせん」方式がありますが、わが国では「あっせん」方式が主流です。必要に応じてボーナス時期に一定額を加算する、「ボーナス併用払い」もあります。

▶リボルビングと比べると(消費者)

最初から支払回数を決めますので、支払終了の時期が明確になります。契約ごとの金利手数料が明確になるので、消費者が負担する金融コストも明確になります。そして、契約ごとに月々の支払いが積み重なり、月次支払金額が増加するので多重債務におちいりにくいといわれます。

▶リボルビングと比べると(販売業者)

顧客の支払金額が月次に分割され少額となるので、潜在需要はあるものの高額で、経済的に導入が進まない高額商品やサービスを実需に結びつけることができます。具体的には「月々○○円から」というプロモーションで販売促進を行います。

▶リボルビングと比べると(クレジット会社)

契約上と債権が1対1で結びつきますので、債権管理や担保設定が明確になります。

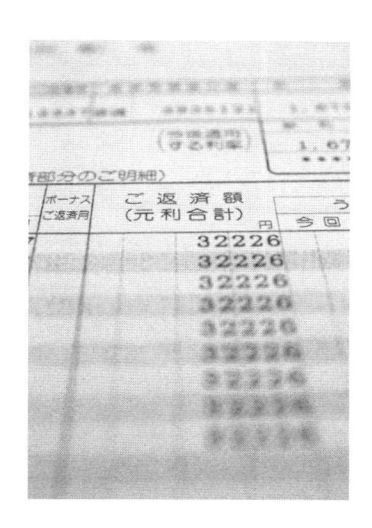

▶頭金の役割

クレジットカードを利用しない「個別信用購入」(ショッピングクレジットともいいます)では頭金が必要となる場合があります。頭金が用意できる消費者は，購入の意志が固く，また，必要な資金も頭金の分少なくなりますので，相対的にリスクが下がります。

▶金利手数料が計算しやすい

個別契約のため，必要な資金と返済期間が確定されるので，金利計算が容易になります。たとえば，1回あたり1％として10回払いだと10％，購入金額(元本)が100,000万円の場合はその10％の10,000円が利息手数料，元本と利息合計で110,000円。10回で分割すると11,000円になります。この場合の金利を分割係数(アドオン料率＝add－on loan)といいます。

第1章 国際カードブランドとペイメント

14 さまざまなリボルビング払い 1
：定額リボルビング＝based on amount minimum payment

　事前に審査があり，一定の利用限度額を持つクレジットカードやローンカードの返済方法です。
　限度額枠内であれば，繰り返し利用できることと，返済を1回済ませばその分利用枠が回復することから，回転信用つまり「revolution」を語源とします。

▶海外では「ミニマムペイメント（最少額返済）」
　海外で多いリボルビング専用カードは，請求書が届いた段階で返済する最低限の金額（ミニマムペイメント）が，あらかじめ決まっています。銀行口座からの自動引き落としもありますが，小切手払いも多く用いられます。ミニマムペイメントさえ支払えば残高は翌月以降に繰り越せます。

▶わが国では「お支払コース」
　店頭で「リボ払い」を指定する方法と，海外のようなリボルビング専用カードを利用する方法があります。また，カード発行後に，同じカードをリボルビング専用に，システム上変更することができるカード会社もあります。

▶リボルビングと分割払い
　分割払いは追加で分割払いの購入をすると，2重，3重の支払いが重なります。一方，リボルビングは，支払回数が増えますので月々の支払額は大きく変わりません。パソコンやAV機器など，周辺機器の追加購入が発生する場合に便利です。
　ただし，残債が膨らみ，支払いが長期に及ぶと金利負担が大きくなります。

分割払い（上図）とリボルビング（下図）の支払いイメージ（金利部分は省略）

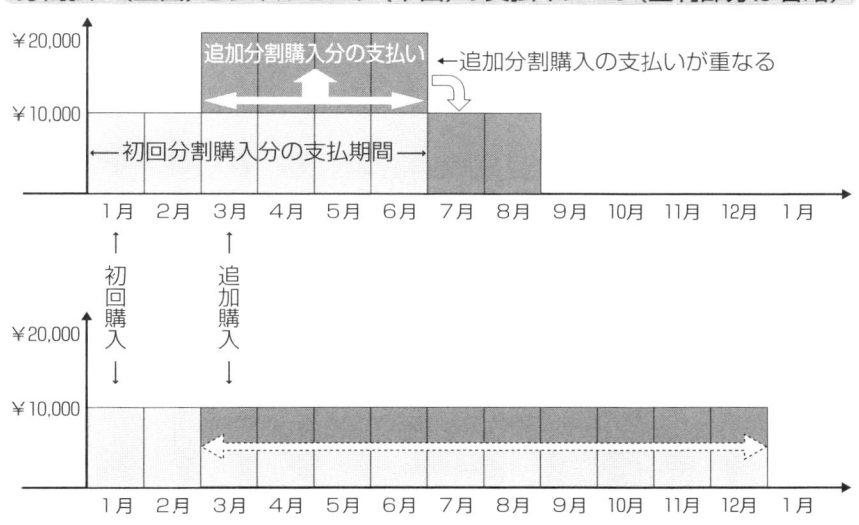

追加分割購入分の支払い ← 追加分割購入の支払いが重なる

← 初回分割購入分の支払期間 →

↑ 初回購入 ↓

↑ 追加購入 ↓

リボルビングは周辺機器の追加購入が発生する商品の決済に向いている

15 さまざまなリボルビング払い 2
：定率リボルビングと残高スライドリボルビング

▶定率リボルビング＝based on percentage minimum payment

　残債が積み上がり，総支払期間と総支払金利が拡大するリボルビングの欠点を補う方式です。

　ミニマムペイメント（最小返済額）を，残額（元本）の一定割合（通常は5％〜10％の範囲で決められます）の元金と利息とする方法のリボルビング払いです。

　たとえば，前月の締め日における残債が10万円，ミニマムペイメントの定率が10％とした場合，当月のミニマムペイメントは，10万円×10％＝10,000円となります。

　ただし，支払いが進むと少額となりますが，支払いが長期になるため，一定額を下回った場合は，残高をすべて支払います。

▶残高スライドリボルビング

　残高が一定額（たとえば10万円単位）を超えると，ミニマムペイメント金額が増加するリボルビングです。

　具体的には残高が10万円までは月支払が1万円，10〜20万円の場合になると2万円，20〜30万円になると3万円といった設定になります。

　ハイバランスリボルビングともいいます。

定率リボルビングの支払イメージ（例：月支払は残債の10%）

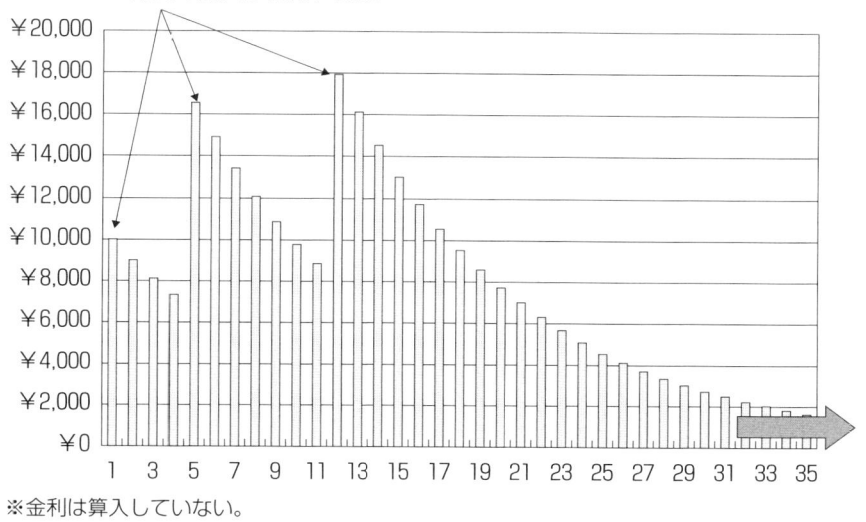

10万円の購入が前月に発生

※金利は算入していない。

残高スライドリボルビングの支払イメージ

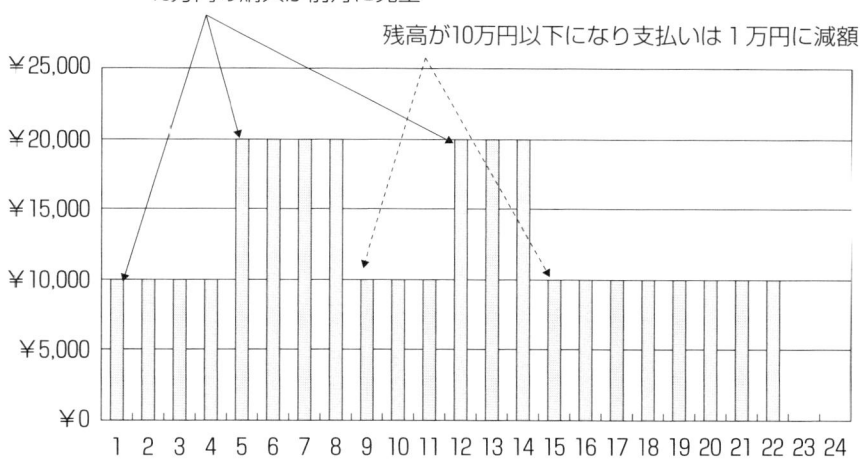

10万円の購入が前月に発生

残高が10万円以下になり支払いは1万円に減額

※金利は算入していない。
※残高10万円以下は毎月1万円，残高20万円以下は毎月2万円のスライドリボルビング。

16 さまざまなリボルビング払い3
：ウイズインとウイズアウト

　リボルビングは金利の対象残債や計算方法によりさまざまな分類があります。

▶ウイズイン（With In＝元利定額）

　月々の支払金額に，金利を含む（With In）方式です。

　月々の支払金額に，金利を含んで支払う（With In）とその分，元本返済が進みません。したがって，支払いは長期化します。たとえば，残債が500,000円となった場合，ミニマムペイメントが5,000円で，月あたり金利1％としたとき，金利分だけでミニマムペイメントの5,000円に達しますので，支払期間と金利は無限大となります。

　この方法は，毎月の支払額は全く変化しませんので，無計画な消費者には向いていません。一方，計画的な消費者にとっては毎月定額の支払いとなりますので，生活設計がしやすくなります。長期にわたって支払いがつづく「住宅ローン」は金利を含む支払いのウイズイン方式です。

▶ウイズアウト（With Out＝元金定額）

　月々の支払金額に，金利を含まずに上乗せする（With Out）方式です。残債総額÷ミニマムペイメント金額＝支払回数となります。

　したがって，最終支払までの支払期間が計算しやすくなります。ただし，大きな金額を利用すると一気に月々の支払額が増大します。たとえば，残債が500,000円となった場合，ミニマムペイメントが5,000円で，月あたり金利1％としたとき，金利分は5,000円に達しますので月々の支払合計は10,000円となります。

定額リボルビングの，ウイズイン，ウイズアウトの支払イメージ

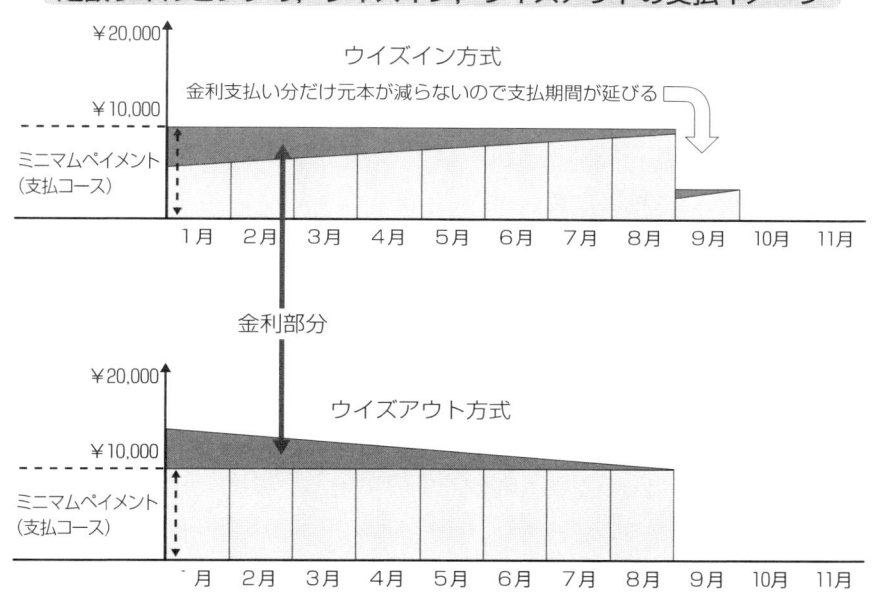

ウイズイン方式

金利支払い分だけ元本が減らないので支払期間が延びる

¥20,000
¥10,000
ミニマムペイメント
（支払コース）
1月　2月　3月　4月　5月　6月　7月　8月　9月　10月　11月

金利部分

ウイズアウト方式

¥20,000
¥10,000
ミニマムペイメント
（支払コース）
1月　2月　3月　4月　5月　6月　7月　8月　9月　10月　11月

電話やインターネットで随時支払方法を変更することができるカード会社もある

17 さまざまなリボルビング払い 4
：前月残と当月残

▶前月残方式と当月残方式

　金利計算の対象を，前月残高にするか当月残高にするかで支払う金利には差がでます。具体的には，前月残方式の場合，初めてリボ払いを利用したときの前月の残高は0円ですから，金利は0，つまり初回には金利が掛からないことになります。

　それに対し，当月残方式は前月の残高は0円であっても利用当月には残高がありますので，初回から金利が発生します。

　追加購入が無い場合，支払いが進むほど残高は減ります。つまり初回支払時の金利が最も高くなります。

▶当月に金利がかからないということ

　1回払いには会員が負担する手数料は掛かりません。

　したがって，前月残方式の場合，手続き上の誤入力などでリボルビング払いから1回払いに変更する際に，手数料の取扱いが単純化されます。

　当月残の場合，大きな金額の決済には初回金利が最も高額になるため注意が必要です。

　見かけ上は，金利表示は同じであっても，金利計算の対象が前月と今月では支払う金利に差がでるのです。

元金定額リボルビングで試算 (単位:円)

前月残方式

月数		1	2	3	4	5	6	7	8	9	10	合計
残高		100,000	90,000	80,000	70,000	60,000	50,000	40,000	30,000	20,000	10,000	
支払コース	10,000	10,000	10,000	10,000	10,000	10,000	10,000	10,000	10,000	10,000	10,000	
金利	1%	0	1,000	900	800	700	600	500	400	300	200	5,400
支払額		10,000	11,000	10,900	10,800	10,700	10,600	10,500	10,400	10,300	10,200	105,400

当月残方式

月数		1	2	3	4	5	6	7	8	9	10	合計
残高		100,000	90,000	80,000	70,000	60,000	50,000	40,000	30,000	20,000	10,000	
支払コース	10,000	10,000	10,000	10,000	10,000	10,000	10,000	10,000	10,000	10,000	10,000	
金利	1%	1,000	900	800	700	600	500	400	300	200	100	5,500
支払額		11,000	10,900	10,800	10,700	10,600	10,500	10,400	10,300	10,200	10,100	105,500

18 実質年率表記とアドオン表記

▶クレジットやローンの金利表記には実質年率を使用

実質年率の算出は複雑です。下記に頭金なし，ボーナス加算なし，初回分割払い手数料が2回目以降の分割払い手数料と50％以上の差が無い場合の計算式を示します。

- R：実質年率
- F：リボ払いや分割払いの手数料総額
- n：支払回数
- Ti：分割払金の支払日までの期間
- Ui：iが1のときは，現金価格。iが2以上のときは，次にあげる値
- Pi：各回の分割払金額

$$Ui = Ui-1 - \{(Pi-1-(R-Ui-1-Ti-1)\}$$

Uiを下記の式に入れ，実質年率Rを算出します。

$$R = \frac{F}{\sum_{i=1}^{n} Ui - Ti}$$

▶アドオン計算

すべて，金利をあらわすには実質年率を用います。ただし，現実の取引で必要な金利を算出するには煩雑です。したがって，ショッピングクレジットなどでは，電卓でも計算できるアドオン料率を用います。このアドオン計算のときに用いるのが「分割係数」です。従来はアドオン料率とも呼ばれていましたが，実質年率よりも数値が小さくなりますので実質年率との混同を避けるために「分割係数」と呼びます。

お支払い回数表 実質年率 15.00%の場合									
支払回数	3回	5回	6回	10回	12回	15回	18回	20回	24回
支払期間	3カ月	5カ月	6カ月	10カ月	12カ月	15カ月	18カ月	20カ月	24カ月
分割係数(%)	2.51	3.78	4.42	7.00	8.31	10.29	12.29	13.64	16.37

お支払い例 6月30日に10万円の商品を10回払いで購入された場合(実質年率15.00%)	
上表に基づく手数料計算	100,000円×7.00%=7,000円
毎月のお支払い額の目安	(100,000円+7,000円)÷10回=10,700円
実際のお支払い総額	10,518円(初回)※+10,700円×8(第2回〜第9回)+10,699円(最終回)※=106,817円

※お支払い回数表に基づき算出する手数料は,初回の日割計算と最終回の端数調整により,実際にお支払いいただく手数料総額とは若干異なります。
出典:JCBWEBサイトより転載(2013年10月30日付)

# 第1章 国際カードブランドとペイメント

19 「あとからリボ」の起源は海外小切手支払い

▶海外では小切手支払いがクレジットカード返済のルーツ

　海外のクレジットカードの返済は，小切手支払いが中心でした。

　日本のクレジットカードは口座引き落としが一般的ですが，海外では金融機関の事務処理については，その信頼性がわが国ほど高くありませんでした。

　したがって，クレジットカードの返済も金融機関が「勝手に」口座から引き落とすのではなく，消費者は請求額をチェックして，自らの小切手で決済します。

　つまり，消費者がいくら支払うかは請求された後に決めることができます。ただし，全く返済がないと金利も含めて残債務が増加しますので，毎月の最低支払義務金額が決められています。これを「ミニマムペイメント」といいます。

　残債務は，翌月に繰り越されますが，毎月の支払いが済んだ分だけカードの利用限度額が回復することから「リボルビング」(回転信用) と言われています。

　一方，わが国では早期から「口座引き落とし」がしくみとして完成しており，クレジットカードもその返済方法を取り入れています。

▶海外では，まだまだ根強い小切手決済

　わが国の金融機関の決済システムは世界でも類を見ないほど優れています。

　たとえば，ほとんどの金融機関から，異なる金融機関に送金する場合「電信扱い」にすれば瞬時に送金が完了しますが，海外では3営業日程度は必要です。したがって，欧米では融通のきく小切手決済が根強く残っており，消費者は小切手を発行し，郵送や支店窓口投げ込みで済ませています。たとえば税金，お祝いやおケイコごとの支払いも小切手です。家の修繕や水道工事の決済も小切手です。

　むしろ現金でくれ，と言われるとこれは暗にブラック，つまり親方には内緒で仕事をするということになります。

欧州取材のコーディネーター MARRY さんとのチェック話

今チェック（小切手）切っておかしくなりました。まだまだ多いし，それなりに便利です。

「それなりに便利」ってどんなところですか？カード人間には想像もつきません。

チェックは現金の代わりですね。みんなほとんど現金は持たないので CB（カルトブルー）が使えない場合はチェックで払います。お給料（大きな会社は振込ですが），仕事の支払い，保証金の代わりなどなど。
昨日友だちとランチをしたときですが，開店したてのお店でまだCBが使えなくて，現金もチェックも持ってなかった私は，友だちに立て替えてもらって「じゃ，あとでチェック送るねー」となるわけです。

なるほどね〜　郵送でおくるんですか？

書留でもなく普通の郵便です。そういえば税金もチェックを送ってますね。日本では銀行引き落としでなければ，銀行や郵便局，コンビニまで支払いに行かなければならないことが，こちらではチェックの郵送で済ませていると考えていいと思います。

チェックはわざわざ窓口に行く必要はなく，店内の箱か閉店時間なら外の郵便受けに入れておけばOKです。取引銀行であれば自分で支店に行かなくても大丈夫です。受け取る方は銀行に行かなければならないので面倒ですけれど。

最近はチェックで支払われても引き落としができなかったりするので，チェックが使えない飲食店が増えてきました。スーパーやブティックでは身分証明書の提示を求められます。

じゃあ現金決済は旅行者ぐらいですか？

青空市場などでは現金で払いますよ。でも現金は持ってるときでも50ユーロくらいですね。50ユーロ札以上のお札はほぼ見ることはありません。
日本人旅行者が100ユーロ札とか持ってると，おおっ！て感じです。

コラム

世界はICカード時代に突入した

　下の写真は，フランス国鉄乗車券の自動販売機に貼られているステッカーです。
　欧州では言葉の問題で切符の窓口販売は少なく，ほとんどの旅行者が多言語対応の自動販売機で購入します。このステッカーには，「ICカード専用」と記載されています。したがって，国際ブランドがカードに付いていても，ICチップが付いていないカードや現金では，欧州内を列車で移動することはできません。
　ほとんどがこのタイプの自動販売機で，パリにある４つの幹線駅では紙幣や磁気テープ対応の自動販売機を見つけることはできませんでした。

　現金や磁気ストライプカードの場合は，長蛇の列の窓口に並ぶことになります。英語に対応できる窓口には，ユニオンジャック（英国国旗）がたててありますが，少数です。

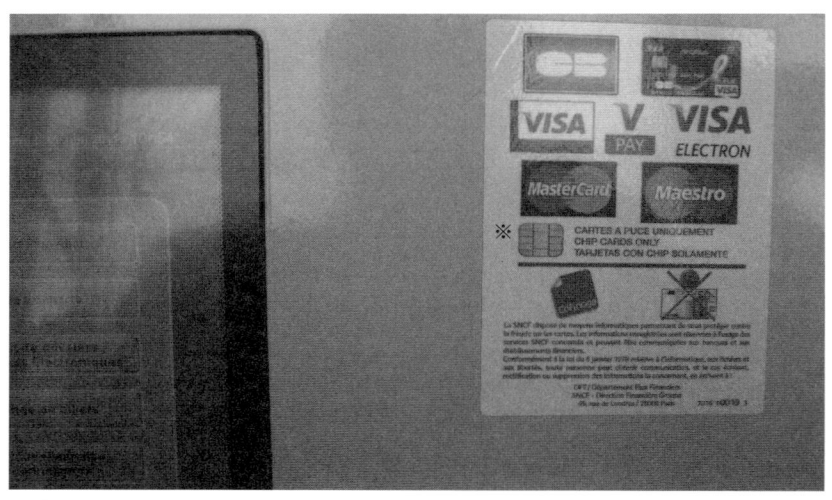

※「ICカード専用」の表示

第2章

国際ブランドの現状と未来

◆

　この章では，カードブランド大手の特徴と今後の展開について解説します。

　最初にヨーロッパのユーロ単一決済地域プロジェクトSEPA圏内の動きと国際ブランドとの関係，そして，決済カードとしてVisa，JCB，MasterCard，銀聯など国際ブランド各社，国内ではEdyなど電子マネーや乗車券など，非接触IC決済，それぞれ代表的なブランドについて解説します。

　なお，解説は，広域エリアとして変化が著しいSEPAから，世界最大の決済ブランドVisa，国内最大の決済ブランドJCBの順に取り上げています。

第2章 国際ブランドの現状と未来

1 SEPA：ユーロ単一決済地域とプロジェクト

▶SEPA（Single Euro Payments Area＝ユーロ単一決済地域）

　SEPAとはEU加盟国と欧州経済地域3国（アイルランド，リヒテンシュタイン，ノルウェイ／スイス）において，国内国外を問わず，ユーロ建ての小口決済が可能な地域とそのプロジェクトです。

　地域内決済とは，送金口座振り込み（SCT：SEPA Credit Transfer），口座引き落とし（SDD：SEPA Direct Debit），カード決済（SEPA Card Payments）が対象となります。

　SEPAでは,送金フォーマットやデータ項目，送金手数料と着金時限がEPC（European Payments Council＝欧州決済委員会）規則に基づき標準化されています。欧州内の小口決済を統合し，ユーロ圏内の多様な決済規則を統一し，透明性を高め欧州全体の競争力を高めることを目的としています。また，決済系カードのIC化を義務付けしています。

　自らブランドを所持してはいませんが，地域内の国際ブランドや決済に大きな影響力を持っています。

▶「Cityzi」非接触IC携帯プロジェクト

　ヨーロッパで注目すべきなのは「Cityzi」（シチジ）です。フランスの業界団体AFSCM（Association Française du Sans Contact Mobile）によって運営されています。非接触IC（NFC）対応の携帯電話で，決済，乗車券，入場券など「おサイフケータイ」と同様のサービスを提供するしくみです。

　Cityziの構成メンバーはフランスの通信キャリア，金融機関，流通業，システムインテグレーターなど19社が参加しています。

SEPA（Single Euro Payments Area＝ユーロ単一決済地域）

第2章 国際ブランドの現状と未来

2 SEPA圏内で達成されたICカード化

▶統一紙幣「€＝ユーロ」発行から，統一ICカード，そしてIC電子マネーへ

　SEPAは，欧州連合（EC＝European Commission）および欧州中央銀行（ECB＝ European Central Bank）による小口決済インフラ統一プロジェクトです。2008年1月に送金口座振り込み（SCT：SEPA Credit Transfer），そして2009年11月には口座引き落とし（SDD：SEPA Direct Debit），さらに2010年末には金融カードのIC（EMV）カード対応など，段階的にインフラが整備されつつあります。

　欧州のIC電子マネーについては歴史が古く，1995年前後から英国のモンデックス，プロトン（ベルギー），カフェ（欧州連合），ダンモント（デンマーク），アバント（フィンランド），クイック（オーストリア），ポルタ・メダス・マルチバンコ（ポルトガル），モネデーロ（スペイン），TIBC（スペイン），チップニップ（オランダ）など，多数の接触型IC電子マネープロジェクトが立ちあがり，現在のモネオ（フランス），ゲルトカルテ（ドイツ）につながっています。

▶電子マネーの法整備

　2008年10月に欧州では，2000年に発効した電子マネー規制指令を改正し，参入障壁を下げるとともに消費者保護を図り，かつ最新の技術革新に対応させています。それを受けて2009年2月，欧州連合（EU）の立法機関である欧州議会は24日，電子マネー法の改正案を可決成立しています。

　同法は2009年11月に発効し，加盟国では期限となる2011年5月に向けて，国内法への反映がはじまりました。

欧州経済圏とIC電子マネー

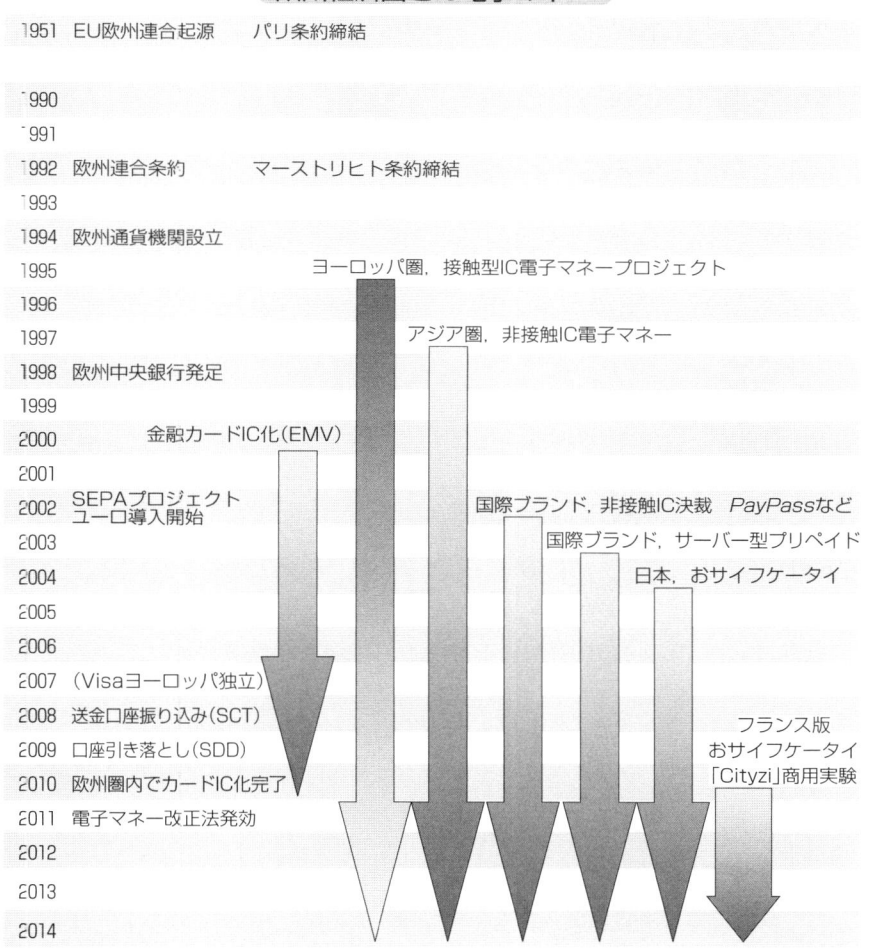

1951	EU欧州連合起源	パリ条約締結
1990		
1991		
1992	欧州連合条約	マーストリヒト条約締結
1993		
1994	欧州通貨機関設立	
1995		ヨーロッパ圏，接触型IC電子マネープロジェクト
1996		
1997		アジア圏，非接触IC電子マネー
1998	欧州中央銀行発足	
1999		
2000		金融カードIC化(EMV)
2001		
2002	SEPAプロジェクト ユーロ導入開始	国際ブランド，非接触IC決済　*PayPass*など
2003		国際ブランド，サーバー型プリペイド
2004		日本，おサイフケータイ
2005		
2006		
2007	(Visaヨーロッパ独立)	
2008	送金口座振り込み(SCT)	
2009	口座引き落とし(SDD)	フランス版 おサイフケータイ 「Cityzi」商用実験
2010	欧州圏内でカードIC化完了	
2011	電子マネー改正法発効	
2012		
2013		
2014		

3 SEPA圏内の低価格ICカード決済端末

　SEPAでは，2010年内にSEPA圏内のICカード化を，カードと端末ともに，ほぼ達成しました。カードやATMの対応は金融機関が直接担当しますのでIC対応は比較的容易ですが，加盟店が関係するカード決済端末のIC対応には費用負担などで困難が伴います。

▶導入が進んだ100ユーロ端末

　SEPAの中心的な存在であるフランスは，ハードウェアの面でICカードを推進してきました。今回のSEPA圏内のICカード化では英国に遅れをとったもののハードウェア供給では大きな位置づけを占めています。

　欧州各地の取材で目にしたのが，写真（右頁）の端末機です。各国ごとに納入メーカーは異なるのですが，すべて同じ筐体をしていることがわかります。

　右側に磁気ストライプのスリットがあり，手前にICカード挿入口，後部にプリンタを装備します。

　ファンクションキーには，売上，返品，再印字が割り当てられ金額は10キーで入力します。カード会員は液晶画面の金額を確認して10キーから暗証番号を入力します。製造メーカーはフランスのSAGEM（Société d'Applications Générales de l'Électricité et de la Mécanique），同筐体で通信インターフェイスを交換することでモバイル，Bluetooth，PSTN（Public Switched Telephone Networks＝公衆電話網），Ethernet，Wi−Fi（無線LAN）など複数のネットワークに対応し，大量生産でコストダウンを実現しています。

　地域や端末によっても異なりますが，カードにかかわる金融機関，加盟店団体そして行政によるファンドが設立され，補助金交付で100ユーロを実現しているほか，英国では1週間単位のレンタルも実施されています。

　操作は極力簡素化されており，日本ではおなじみの「支払方法選択」はありません。

同一筐体で複数の通信手段を持つSAGEM社のカード端末

スーベニールショップ設置のBluetooth仕様

ホテル設置のPSTN仕様

レストラン設置のWi-Fi仕様

VisaDEBITでの決済伝票

第2章 国際ブランドの現状と未来

4 SEPA（欧州）と北米，ICカード化の温度差が産む課題

▶欧州で磁気カードが使えない?!

　2010年夏，米国のタブロイド旅行誌に「Your credit card may not work in Europe」のコピーがでました。

　「あなたのクレジットカードはヨーロッパでは使えません」と報じられた記事は，その原因を，イタリアで使えなかったクレジットカードは磁気カードで，ヨーロッパはICカード加盟店ばかりであるからだと報じていました。

　その記事が出た同時期に，日本の知人からも，同様の知らせが筆者に届きました。フランスにあるお店5軒でクレジットカードの使用を断られたとのことでした。その状況は現在も続いています。

▶現地でわかったこと

　早速，使えなかったとされるカードを申し込んでパリに向かい，5店舗で使おうとしたところ，やはり断られました。そこで，販売員の動作を見てみると，カードをICカード読み取り部分に挿入しています。

　実は，このカードはICチップが搭載されていない磁気カードだったのです。販売員にカードをスワイプ（磁気読み取り）するよう促し，無事に買い物ができたあと，販売員に磁気カードをICカード読み取り部に挿入した理由を聞くと，意外な答えが返ってきました。

　「カルテブルー（フランス銀行カード）と，VisaとMasterCardはこの部分（ICリーダー）で処理をし，アメリカン・エキスプレスとダイナースはこちらで（磁気リーダー）で処理をする」のだと。カードのICチップを示すと「カードのデザインでしょう？」との事でした。明らかなオペレーションミスですが，欧州ではICカード化が完了しており，販売員はICカードの操作に慣れきっていますので，このような事例が発生しています。

　使えなかったわが国の磁気カードは，有効期限は2016年になっていました。

「あなたのクレジットカードはヨーロッパで使えない可能性があります」

第2章 国際ブランドの現状と未来

5 決済の電子化を急ぐSEPA圏内の社会背景

▶深刻なコイン窃盗被害

　欧州各国ではパーキングメーター，レンタル自転車の無人貸し出し，公衆電話，自動販売機，公共交通切符の自販機などは，コイン窃盗犯の格好の標的となっており，電子マネーへの対応が急がれています。コイン自体の被害金額よりも，機器の破損や修理にかかわるコストが大きな課題となっているからです。

　また，コインの回収コストやその精算も課題であり，1990年代から接触型IC電子マネーの導入が進められてきました。

　しかし，電子マネーの用途は10ユーロ以上には使用されるもののそれ以下の金額への利用拡大は困難のようです。

▶接触から非接触へ

　その理由は，接触型ICというカード媒体が抱える本来的な機構にあると思われます。金融機関でカードにチャージをして，利用時には財布から出し，挿入口に差し込む手間はコインの利便性には及びません。ポケットにあるコインを超える利便性は，非接触ICによって初めて可能となることが，わが国を中心にアジア圏で発達した非接触IC電子マネーで実証されました。

① 日本の非接触電子マネーの平均決済金額は2011年度で879円[1]。
② 雨に強く，端末接点の摩耗がなくメンテナンスコストが低い。
③ 携帯電話に搭載した場合，決済金額は上下に広がる傾向がある。
④ 携帯電話に搭載した場合，チャージに関する手間と機器コストが低下する。

　つまり，1990年代の欧州における接触IC決済の抱える課題が，近年の非接触ICとモバイル決済によって解決されたといえるでしょう。

電子マネーによる公共の少額決済

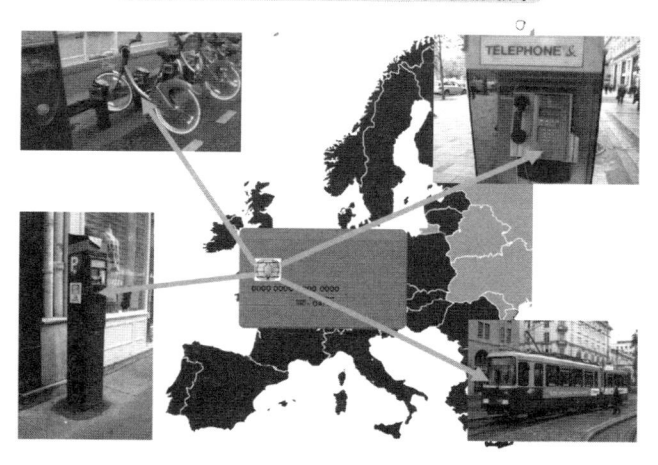

決済メディア別シェアのイメージ

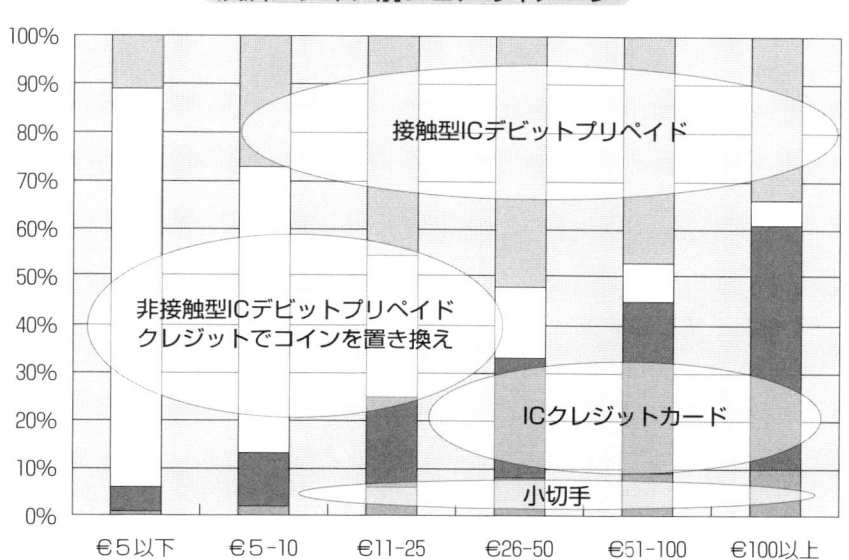

接触型ICデビットプリペイド

非接触型ICデビットプリペイド
クレジットでコインを置き換え

ICクレジットカード

小切手

€5以下　€5-10　€11-25　€26-50　€51-100　€100以上

6 再構築が始まった国際ブランドの枠組み

▶2つのVisa

　国際ブランドとしてのVisaが株式上場を果たす直前の2007年10月，グローバルVisaからVisaヨーロッパが独立しました。

　Visaヨーロッパは4,600に及ぶ欧州の金融機関が加盟運営し，4億5,990万枚のVisaカードが年間1兆2,330億ユーロの取引に使われています（2012年末現在）[2]。

　Visaヨーロッパの設立は，SEPAにも見られるように，欧州内の決済システム統合と共通基盤を早期に実現するため，欧州域内のVisaも独自の組織とする必要があったからです。

　したがって，現在VisaはVisaヨーロッパとそれ以外のVisa, Inc.の2つの独立した組織が，連携しながら世界のペイメントを運営しています。

▶第二勢力となった中国銀聯

　そして，この10年間で急速に発展を遂げたのが中国"銀聯"（UnionPay）です。

　2010年以降昨年対比50％と驚異的な伸びを続け，Visaに次ぐ2位となっています[3]。

　中国をはじめアジア圏では，ますます強い影響力を持つことになります。

　Visa, MasterCardを中心とする決済の世界から，欧州，アジア，アメリカの三極構造になりつつあるといえるでしょう。

決済は三極構造へ

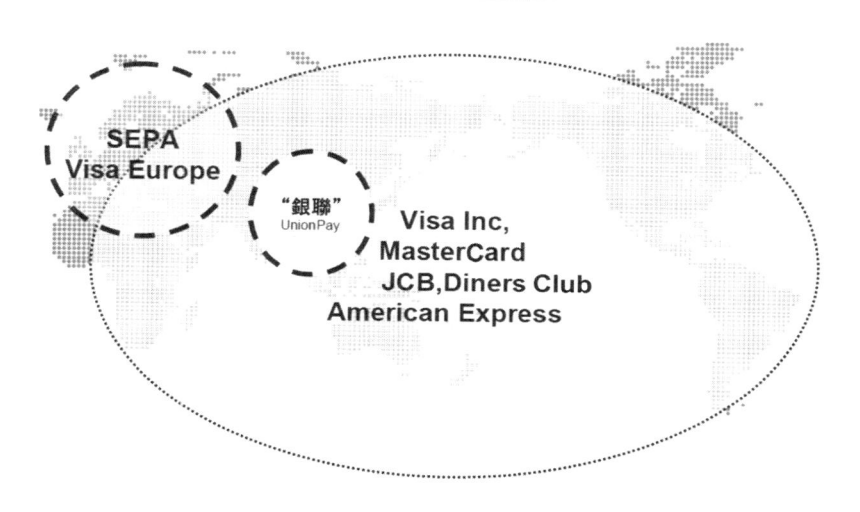

- SEPA / Visa Europe
- "銀聯" UnionPay
- Visa Inc, MasterCard, JCB, Diners Club, American Express

項目	取扱高（$10億）	伸び率	ショッピング（$10億）	伸び率
Visa Credit	$3,209	9.70%	$2,893	11.00%
MasterCard Credit	$2,120	11.90%	$1,902	12.60%
UnionPay Credit	$1,022	51.80%	$992	52.70%
American Express Credit	$888	9.10%	$884	9.10%
JCB Credit	$186	14.40%	$179	14.50%
Diners Club Credit	$28	－2.50%	$28	－2.50%
CREDIT CARD TOTALS	$7,454	14.70%	$6,878	15.80%
Visa Debit & Prepaid	$5,577	7.40%	$2,782	5.60%
UnionPay Debit	$2,756	29.70%	$2,302	31.10%
MasterCard Debit & Prepaid	$1,527	20.50%	$791	16.10%
DEBIT CARD TOTALS	$9,859	14.80%	$5,875	15.90%
Visa Total	$8,786	8.20%	$5,674	8.30%
MasterCard Total	$3,647	15.40%	$2,694	13.60%
VISA & MC Total	$12,433	10.20%	$8,368	10.00%
UnionPay Total	$3,778	35.00%	$3,294	36.90%
CREDIT & DEBIT TOTALS	$17,313	14.80%	$12,753	16%

出典：The Nilson Report 1014 March/2013 より引用

第2章 国際ブランドの現状と未来

7 世界のクレジットとデビット

　わが国のジェイデビットのショッピング取扱いは5千億円程度と，クレジットカードの46兆円に比べるとその1％強しかありません。
　しかし，世界では国際ブランドを冠したデビットカードによるショッピングが急速に拡大しています。
　右頁の図表で，クレジットとデビット（デビット金額の中にはプリペイドが含まれ，その割合は1割程度）を持つVisaとMasterCardの合算数値で比較してみましょう。

▶年間ショッピング金額はクレジットカード

　デビットの取扱金額はクレジットの75％にまで達しています。金額伸び率は法制度の影響で両方とも16％程度の伸びと差はありませんが，枚数はデビットが著しい伸びを示しています。
　両ブランドの発行枚数はデビットが約20億枚，クレジットは16億枚です。ただし，デビット発行が32億枚を占める銀聯など，全ブランドを含めると，デビット53億枚，クレジットは21億枚になります。デビットカードは審査が無くても発行できるため，今後も拡大が続きます。

▶回数ではデビットカード

　全体の利用回数では，デビットが760億件と，クレジットの560億件を凌駕していますが，これは発行枚数が多いからで，1枚あたりの利用回数ではほとんど差がありません。
　大きく違うのは1枚あたりの平均利用単価です。デビットは17ドルで，クレジットの30ドルの約半分にしかなりません。
　VisaもMasterCardも非接触IC決済を推進していますから，今後は両カードとも決済単価は下がるでしょう。

Visa, MasterCard デビット&クレジット比較

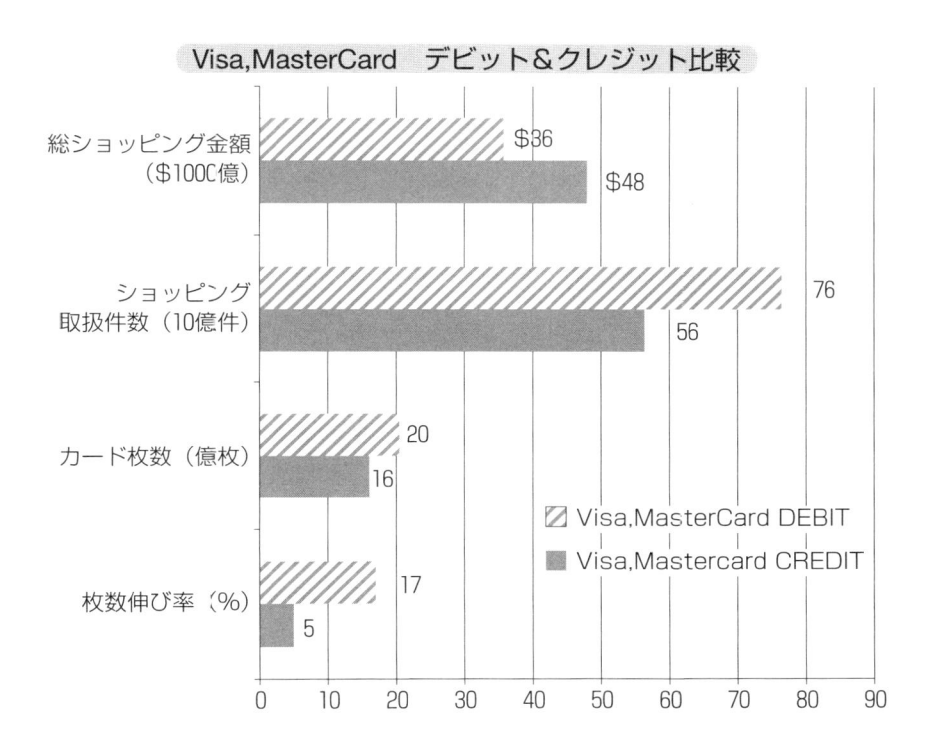

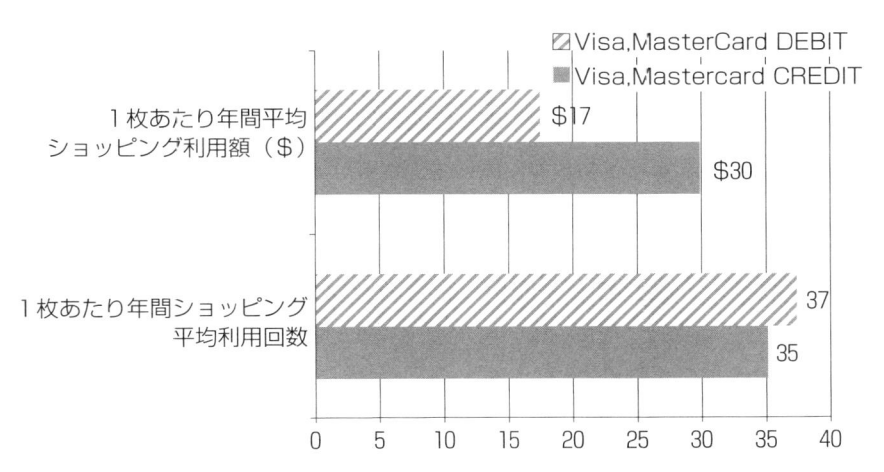

項目	Visa, MasterCard DEBIT	Visa, Mastercard CREDIT
総ショッピング金額（$1000億）	$36	$48
ショッピング取扱件数（10億件）	76	56
カード枚数（億枚）	20	16
枚数伸び率（%）	17	5
1枚あたり年間平均ショッピング利用額（$）	$17	$30
1枚あたり年間ショッピング平均利用回数	37	35

出所：The Nilson Report 1014 March 2013 より

第2章 国際ブランドの現状と未来

8 SEPA圏内および米国の消費者信用法制 1

　ここでは、SEPA圏の主要国家である仏、独、英、および米国の消費者信用法制と免許制度など、環境について述べます。

　わが国では、貸金業法、割賦販売法、資金決済法など金融法典の大きな改正と施行が行われましたが、米国では2010年金融規制改革法が施行され、SEPA圏内でも2011年に金融決済に関する法整備が実施されました。

▶フランス

　信用法制には消費法典と通貨金融法典があります（3カ月未満のマンスリークリアは対象外）。いずれも消費者保護の考え方が基本です。

　免許制度は、金銭の貸付けを業として行う場合、銀行と同様に信用機関として、信用機関・投資企業委員会（CECEI）からの免許が必要とされています。

　参入には最低資本金の規制があります。消費者金融については、商業銀行等の一般的な銀行と、消費者金融を専門とするノンバンクが主に事業を展開しています。

▶ドイツ

　民事法として民法に包括されています。監督法は信用制度法があり、フランスと同様に消費者保護を重視しています。

　金銭の貸付けを業として行う場合は、信用機関として、信用制度法に基づき連邦金融監督庁（BaFin）免許が必要。ドイツの信用機関は、その大半が、ユニバーサル銀行（銀行や証券、信託の各業務をすべて手がける総合金融機関）でノンバンクは存在しません。

信用機関・投資企業委員会（CECEI）からの免許

基本概念
消費者保護
消費法典
通貨金融法典

信用情報センター
ホワイト情報の蓄積はない　　　　　金利規制

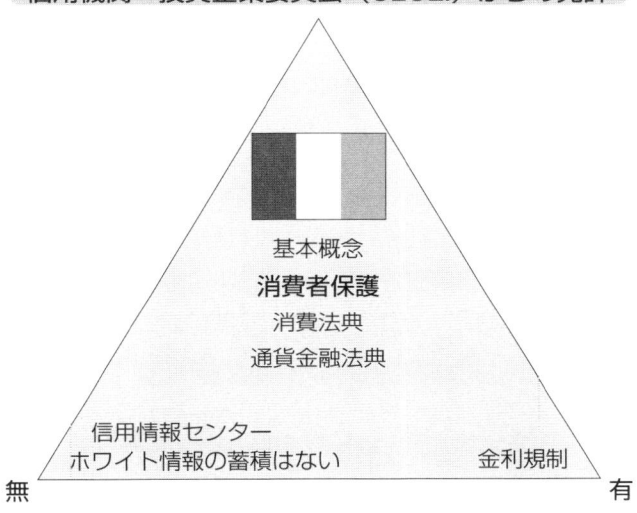

無　　　　　　　　　　　　　　　　　　有

連邦金融監督庁（BaFin）からの免許

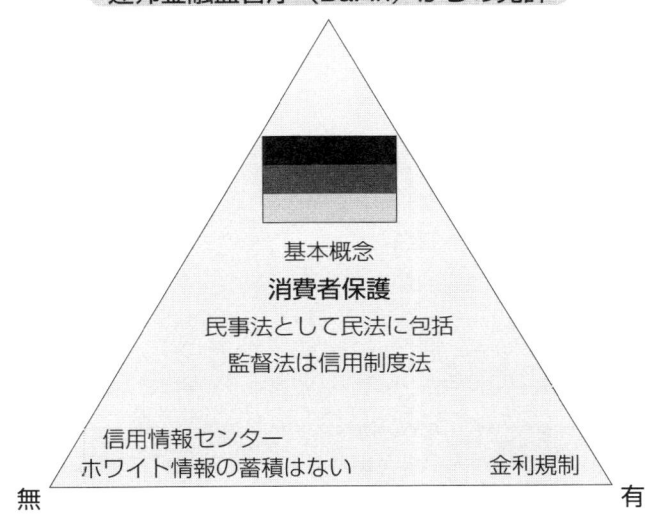

基本概念
消費者保護
民事法として民法に包括
監督法は信用制度法

信用情報センター
ホワイト情報の蓄積はない　　　　　金利規制

無　　　　　　　　　　　　　　　　　　有

第2章 国際ブランドの現状と未来

9 SEPA圏内および米国の消費者信用法制 2

▶英国

　消費者信用法があり，その根幹には金融事業活動の公平・透明性を高めて健全な競争市場の育成を図る目的があります。

　免許制度があり，一定額以上の個人向けの金銭の貸付けを，業として行う場合には，消費者信用法に基づき公正取引庁から免許を受けることが必要とされています。

　貸付額上限は，改正消費者信用法（2006年）において撤廃されました（撤廃前の貸付額の上限は2万5,000ポンド）。

▶米国

　クレジットカード規制改革法，消費者信用保護法，貸付真実法などがありますが，多民族国家であることから，人種などによる貸付け差別をなくすことを決めたフェアレンディング政策による信用機会の均等がその根幹にあります。2010年に施行されたクレジットカード規制改革法で消費者保護の概念が導入されました。

　貸金業務に関する規制は，連邦法にはなく，各州法において定められていることが特徴です。また，免許制度もあり，ニューヨーク州の場合，州法に基づく貸金業免許を受けることが必要となっています。

　消費者金融については，商業銀行，ノンバンク，信用組合が主となっています。商業銀行は，クレジットカード等のリボルビング型の与信の割合が高く，ノンバンクはリボルビング型の割合が低いといわれます。

　新法では，消費者保護の考え方が反映されましたが，上限金利規制は見送りとなっています。

公正取引庁から免許

基本概念
**信用事業の
公正・透明性確保と競争**
消費者信用法

信用情報センター
ホワイト情報の蓄積　　　　　金利規制なし

有　　　　　　　　　　　　　　　　　　　無

州法に基づく免許制度

基本概念
信用機会の公平化
クレジットカード規制改革法
消費者信用保護法
貸付真実法

信用情報センター
ホワイト情報の蓄積　　　　　金利規制なし

有　　　　　　　　　　　　　　　　　　　無

州法単位だが，金利規制の無い本店
所在地の金利規制が全国に適用。

10 SEPA圏内および米国の信用情報センター

▶フランス

　FICP（Fichier des Incidents de Remboursement des Crédits aux Particuliers＝個人信用情報ファイル）がフランス中央銀行の運営する国内唯一の信用情報データベースです。

　金融機関は融資実行前にこのデータベースを参照することが求められています。すべての金融機関は，顧客の債務返済に関わる事故情報を報告することが求められています。フランスでは，否定的な信用（ブラック）情報のみの報告が求められていることが特徴です。

▶ドイツ

　Wiesbadenに本部を置く，SCHUFA Holding AGがすべての信用情報を保有しています。消費者信用事業者はSCHUFAを利用することが求められていますが，契約内容報告の義務はありません。

　金融機関などローン提供者の依頼で信用調査を行います。ローン返済に1度でも問題があった者は直ちにリストに登録されます。

　そして，今後のローンの提供を受ける事は不可能となります。

▶英国

　信用照会所（Credit reference agencies）は民間企業です。特徴はブラック情報（延滞・焦付き歴情報）とホワイト情報（健全取引履歴情報）のすべてが登録されていることです。

▶米国

　クレジットビューローは民間企業ですが，これの使用は法律で強制されていません。英国と同様，ブラック，ホワイトの全情報が登録されています。

国名	立法思想	利息制限の有無	ホワイト情報保持	総量規制
フランス	消費者保護	有	×	×
ドイツ	消費者保護	有	×	×
英国	信用事業の公正透明性確保と競争による消費者信用機能の向上	×	有	×
米国	信用機会の公平化に消費者保護思想の導入が始まった	×	有	×
日本	消費者保護の強化	有	有	有

> [コラム]
>
> **築き上げたい自分自身の信用情報**
>
> 　わが国の信用情報データベースは株式会社日本信用情報機構＝（JICC：ジェーアイシーシー），株式会社シー・アイ・シー（略称：CIC），全国銀行個人信用情報センターの３つに分かれています。
>
> 　なぜなら，わが国の信用情報データベースは，金融機関，銀行系クレジット会社，信販系クレジット会社，消費者金融会社など大きく４つの業態別であったものが，現在３つに集約されてきたからです。
>
> 　個人信用情報は，消費者にとって一種の「資産」ともいえるでしょう。現在３つの信用情報センターは相互に連携しています。このことは通信販売で購入する月々2,000円の分割払いも5,000万円の住宅ローンも１つの信用情報に集約されていることを意味します。
>
> 　人生において，金融にかかわらずに生きていくことは不可能です。毎月2,000円の支払いが滞ると，住宅ローンの審査に通らないことも起きるのです。
>
> 　もっと困るのが，信用情報が全くない場合です。これはクレジットやローンを全く利用していない状態で，審査する側からすれば「透明人間」と同じ状態です。
>
> 　月々2,000円の支払いなど，どんなに少額であっても確実に返済していくことが，将来にむけた無形の資産「信用情報」を築き上げていくことになるのです。

第2章 国際ブランドの現状と未来

11 SEPA圏内および米国の上限金利規定

▶フランス

　暴利的利率を上回る貸付けは，法律（消費法典）により禁止されています。これに違反した場合，その金利は民事上無効とされます。暴利的貸付けを行った者，および暴利的貸付けに協力した者には，刑事罰が科せられます。

　暴利的利率は，貸付時点の平均包括実質利率（フランス銀行が四半期毎に市中金融機関を調査して算出する平均利率）に3分の4を乗じた利率とされます。2011年第4四半期の暴利的利率貸付：元本が1,524ユーロ以下の場合21.47%，貸付元本が1,524ユーロ超の場合は（当座貸越，リボルビング，割賦販売）19.53%となっています。

　貸付けに付随して発生する，費用，手数料，報酬に加え，保証料等のあらゆる借主の負担は，利率に含まれます（見なし金利）。

▶ドイツ

　上限金利に関する規制は，実定法上は存在しませんが，判例法において存在します。判例法に基づく上限金利規制としては，毎月ドイツ連邦銀行より発表される市場金利の2倍または市場金利プラス12%のいずれか低い方を超えると，金利は民事上無効とされます。

　フランス同様，貸付けに付随して発生する費用は，基本的に利息に含まれます。ただし，貸し倒れリスク等のカバーのために，借り手が強制的または任意に支払う保険料等については，利息とは別に徴求することが認められています。

上限金利規制のある国

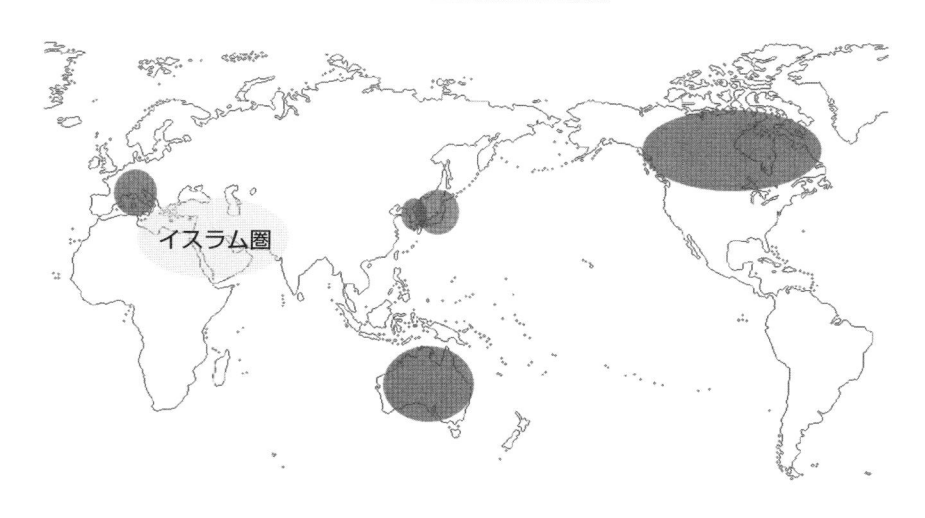

イスラム圏

▶英国

　上限金利に関する規制は，法律上は存在しません。ただし，消費者信用法によって，裁判所は，ある信用取引が暴利的信用取引と認める場合には，契約を変更できる権限が与えられています。改正消費者信用法（2006年）において，不公正な関係（unfair relationship）に関する規定が制定され，暴利的信用取引は，契約条件だけではなく，販売方法や取立行為などを含めた契約全般について，不公正取引という概念に基づき判断されます。

▶米国

　上限金利に関する規制は，連邦法にはありませんが，各州法において定められています。ただし，本店所在地の金利が全米に適用されるためほとんどのクレジット会社は上限金利の無い州に本店を置いています（州を超える金利輸出の原則）。

　上記以外の主要国での上限金利規制がある国は，カナダ，韓国，オーストラリア，イタリアそして日本です。

第2章 国際ブランドの現状と未来

12 上限金利規制に対応する新しい審査手法

　貸出金利上限に規制があると，リスクの発生を低下させる必要があり，融資審査は厳しくならざるを得ません。この場合には信用収縮が発生します。
　わが国でも，2006年12月に成立し2010年6月までに完全施行に向かった金利規制を伴う貸金業法によって，融資の新規供与額は24兆円から8兆円に縮小しています。
　しかし，米国では，クレジットカードや消費者信用には厳しい規制が実施されてきましたが，ペイデイローンやネットバンクを中心に新しい審査手法が導入されています。

▶Web解析，SNS，カテゴライズを融資の審査情報とする

　融資申込み者のWebサイト遷移解析から得られる，顧客のアクセス履歴，滞在時間（契約書読解の真剣度），電話番号の所持年数や台数，支出を行う場所，口座情報，そして，SNS上の指向，関心事項，信用力や影響力，口コミ，評判，人的ネットワーク，言葉，話題，Facebookの「いいね！」数，そしてリンク率などから，数万もの変数を用いてデフォルトリスクを計算するシステムが登場しています。支払能力ではなく「支払意志」を算出するのが特徴です。
　信用リスクを精緻に計算することで返済意志の強さと持続性を算定し，低い金利，デフォルト率の低下，承認率の向上を実現しています。
　また，無担保ではありますが，その資金用途に応じてリスクパラメーターを分解し，資金需要に応える手法も開発されています。
　たとえば，子供の教育投資（教育ローン）や墓石の購入（面影ローン）などで生じる資金需要は，もともと無担保であってもデフォルト（不良債権化）リスクは低いと言われています。
　つまり，無担保ローンを資金用途とさまざまなリスクパラメーターで分解し，個別の目的別ローンプロモーションを行うことで，融資の可能性を広げる手法

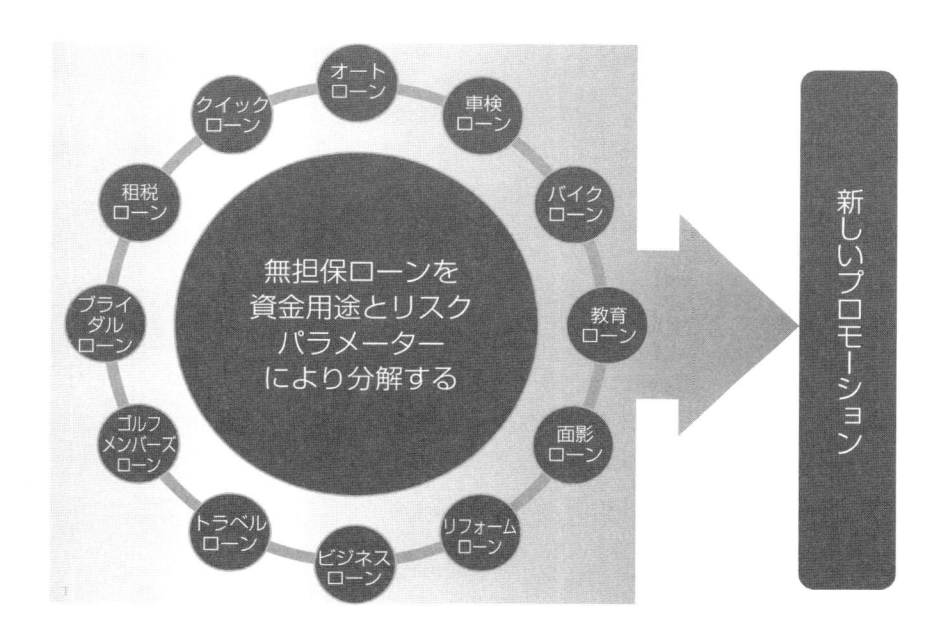

図中:
- オートローン
- クイックローン
- 車検ローン
- バイクローン
- 租税ローン
- 教育ローン
- ブライダルローン
- 面影ローン
- ゴルフメンバーズローン
- リフォームローン
- トラベルローン
- ビジネスローン
- 無担保ローンを資金用途とリスクパラメーターにより分解する
- 新しいプロモーション

です。

　従来は，多くの目的別ローンを用意するためには紙製のパンフレットやマニュアル，セールスツールなどを多種類用意する必要がありましたが，デジタル化とWeb化で容易となっています。

第2章 国際ブランドの現状と未来

13 Visa, Inc.① 国際ペイメントの最大手

▶沿革

1958年に米国のカリフォルニアにおいてBank of Americaが発行したBankAmericardがその前身です。

BankAmericardの特徴は当初から回転信用(リボルビングクレジット)方式であったことです。

Visaとなった現在では、カード枚数21億枚、カード発行機関14.8万社、加盟店数3,600万店、総取引件数820億件、総取引金額6.5兆ドルを占める、世界最大の決済ネットワークです[4]。

▶カード発行や加盟店管理は行わない

しかし、ブランド管理会社であるVisa, Inc.自身がカードの発行や加盟店管理、与信や融資を行うことはありません。

あくまで、Visaブランドを使ったペイメントサービスの開発や電子決済ネットワークの運営と業務処理、そしてプリペイド、クレジット、ギフト、送金、非接触決済、為替など総合的な決済プラットフォームの提供を加盟金融機関やカード会社に対して行うことが主業務です。

▶関連するブランド

Visa, Inc.に関連する決済ブランドとして、PLUS=ATMネットワーク、Visa Electron=PIN(暗証番号)デビット、Visa payWave=海外での非接触IC決済、Visa Touch=日本国内での非接触IC決済、VCARD=ネット決済用仮想カードのほか、VISA認証サービスなどがあります。

項目	取扱高 （$10億）	伸び率	1枚当たり 年間平均 利用金額 （$）	1枚当たり 年間平均 利用回数	平均利用 単価（$）
Visa Credit	$3,209	9.7%	$3,633	39.9	91.1
MasterCard Cred t	$2,120	11.9%	$2,939	32.1	91.6
UnionPay Credit	$1,022	51.8%	$3,087	14.8	209.0
American Express Credit	$888	9.1%	$8,676	57.8	150.1
JCB Credit	$186	14.4%	$2,349	20.2	116.1
Diners Club Credit	$28	−2.5%	$4,912	29.3	167.6
CREDIT CARD TOTALS	$7,454	14.7%	$3,511	33.4	105.0
Visa Debit & Prepaid	$5,577	7.4%	$3,469	47.9	72.4
UnionPay Debit	$2,756	29.7%	$860	2.1	404.1
MasterCard Debit & Prepaid	$1,527	20.5%	$3,498	53.1	65.9
DEBIT CARD TOTALS	$9,859	14.8%	$1,879	20.4	92.1
Visa Total	$8,786	8.2%	$3,527	45.1	78.3
MasterCard Total	$3,647	15.4%	$3,150	40.0	78.8
VISA & MC Total	$12,433	10.2%	$3,407	43.5	78.4
UnionPay Total	$3,778	35.0%	$1,069	3.3	322.6
CREDIT & DEBIT TOTALS	$17,313	14.8%	$2,349	24.1	97.3

出典：The Nilson Report 1014 March/2013 より筆者作成

国際ブランド，シェア

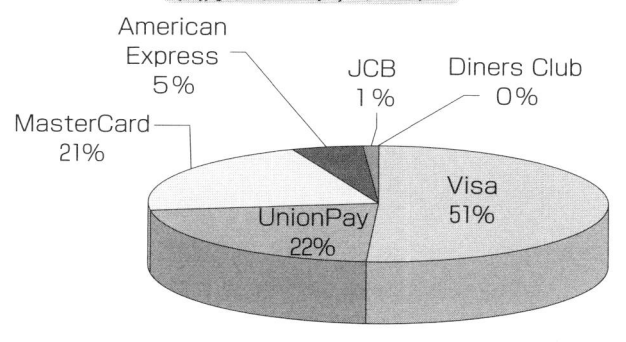

- American Express 5%
- MasterCard 21%
- JCB 1%
- Diners Club 0%
- Visa 51%
- UnionPay 22%

第2章 国際ブランドの現状と未来

14 Visa, Inc.②
プリペイドの新しいプレイヤー 1

▶プリペイド最大手グリーンドット

　異業種からペイメント業界に参入し，Visa, MasterCardブランドのプリペイドカードを発行し，大きな成功を収めているのがロサンゼルスに本社を置くグリーンドットです。メディア企業を母体として，ベンチャーとして参入した同社は毎年300万枚以上発行枚数をのばしています。同社のカードはコンビニエンスチェーンなど，小売業の店頭において4ドル95セント（$4.95）～で販売されています。

　カードの種類は，一般プリペイド，スチューデント（学生）カード，プレミアのついたキャラクターカードですが，最近販売を伸ばしているのがオンラインショッピングカードです。

▶一般プリペイド

　カードの金額$4.95にチャージしたい現金を添えてレジに渡すと，数十秒でパッケージのまま渡されます。海外からの旅行者でも購入，使用できます。このカードはアメリカ国内専用ですぐに買い物に使えますが，キャッシュアウト（ATM出金）には使えません。インターネットもしくは電話で，個人情報を登録（アクティベート）すると個人名がエンボスされた，新しいカードが送付されてきます。このカードの裏面にはVisaのATMネットワークをあらわす「ーPLUS」のアクセプタンスマークがあり，海外のATMで現地通貨を引き出せます。

▶スチューデント（学生）カード

　両親が金銭教育や送金のために子供に渡すのがスチューデントカードで，必要であれば，親のカードとして1枚，追加発行されます。

コンビニで販売されているグリーンドットプリペイドカード

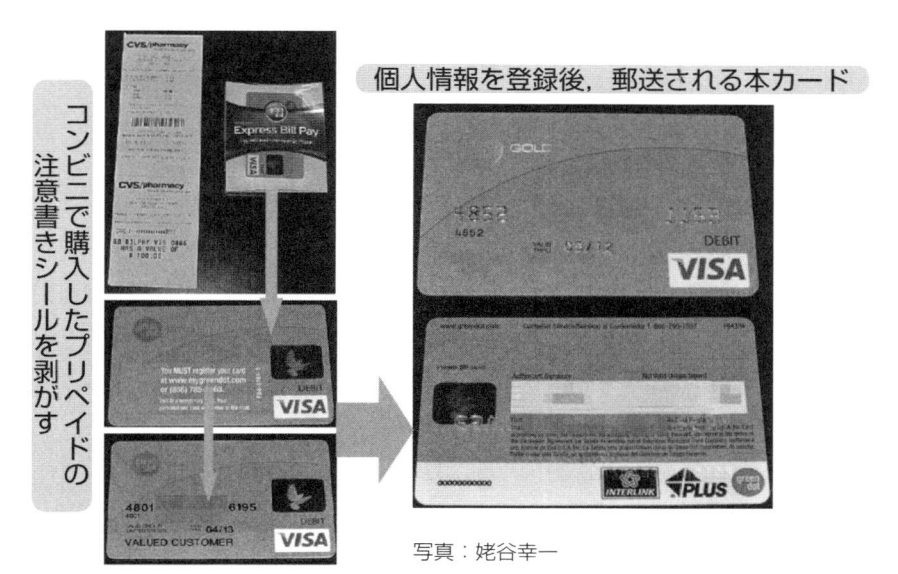

個人情報を登録後，郵送される本カード

コンビニで購入したプリペイドの注意書きシールを剥がす

写真：姥谷幸一

▶即時入金を可能にする「MoneyPak」

　$4.95で販売される「MoneyPak」はプリペイドカードへの再入金の他，ペイパルのアカウントに入金できます。

第2章 国際ブランドの現状と未来

15 Visa, Inc.③
プリペイドの新しいプレイヤー 2

▶ギフトカードに特化するバニラビザ（Vanilla Visa）

　プロテスタントが過半数を占める米国では，ギフトとして現金を贈る習慣は少なく，冠婚葬祭やクリスマスなど，贈答品としてプリペイドカードを送る習慣があります。これを反映して米国ではプラスチックプリペイドカードの販売が一定の市場規模を構成し，その市場が現在も拡大しています。

　贈答用のプリペイドカードは無記名の「ギフトカード」と呼ばれ，全米における年間のギフトカード売上は，900億ドル（2010年）に達します。

　代表格がThe Bancorp Bankによって発行されるバニラビザ（Vanilla Visa）ギフトカードです。券種は25ドル，50ドル，100ドルの定額カードと50ドルから200ドルまで，任意の金額をチャージできるカードがあります。

　いずれも美麗なケースに入っている，美しいデザインのVisaカードです。購入は販売店のギフトカードラックから好みのデザインを選び，レジで金額を支払い持ち帰るか郵送します。

　身分証明やパスポートの提示など，個人情報の登録は必要ありませんが利用は米国国内に限定され，再入金はできません。

　残高や利用履歴の確認は同社のホームページにアクセスし，カード番号，有効期限，セキュリティコードを入力します。

そのまま渡せる美麗なパッケージ

中にはカードが入っていて、会員氏名は「A GIFT FOR YOU」。プリペイドだがロゴの上には「DEBIT」の表記。

出典：The Bancorp Bank ホームページより転載

第2章 国際ブランドの現状と未来

16 Visa, Inc.④ プリペイドの新しいスキーム「リワードカード」

▶バニラビザ（Vanilla Visa）の発行する新しいVisaカード

　バニラビザの，プリペイド事業に並ぶのが「リワード（Reward＝報償）カード」です。

　これは企業の，営業予算達成インセンティブや流通業のポイント還元，そして懸賞など販売促進ツールなど，カスタマー・ロイヤリティ・プログラムの受け皿として利用されるものです。流通範囲などはバニラビザギフトカードに準じます。

　米国のプリペイドカードはストアカード，国際ブランドを持つバニラビザカード，そしてリワードカードもコンピューターネットワーク上のサーバー上に価値を持つ，サーバー型プリペイドカードです。

▶サーバー型プリペイドカード

　最大の特徴は，インターネット上の各種ポイントを集約できることです。この特性を活かせば，各種のポイントを1枚のカード上に集約できることにもなります。

　わが国のポイントカードの特徴は，ネットを通じ他のポイントとの交換や移行ができることにあります。現在はネット上での価値交換ですが，バニラビザのリワードカードのような国際ブランドリワードカードに集約すればネットポイントをリアル店舗で使用することが可能となります。

　このような，ネットポイントとリアル店舗をつなぐ新たなカスタマー・ロイヤリティ・サービスは，2010年に施行された，資金決済法によるサーバー型プリペイドカードとの接続も想定される，新しいビジネススキームといえるでしょう。

Vanilla Visa

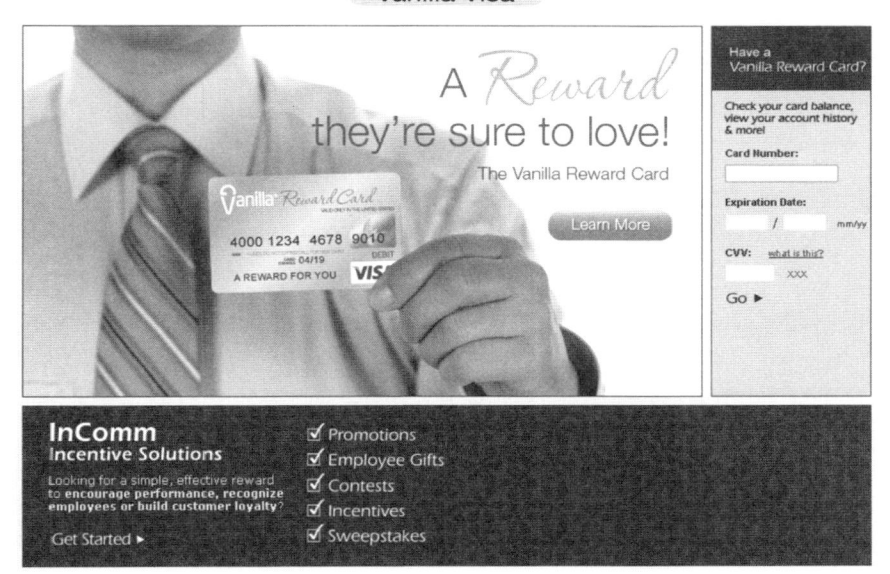

出典：The Bancorp Bank ホームページから転載

フランスの銀行から発行されるプリペイドカード

17 Visa, Inc.⑤ プリペイドが福祉行政を効率化する[5]
：Currency of Progressへの取組み

▶現金給付からVisaプリペイドカード配布へ

　Visaは世界各国の政府機関と連携し，書面，紙幣ベースでの補助金給付からプリペイドカードへの移行など，電子的ツールへの切り替えを推進しています。補助金の種類は育児支援，失業手当，緊急支援，被災者支援などさまざまです。

　2009年，米国内だけでも，Visaが実施している給付プログラムは38の州で65以上にのぼります。VISAプリペイドカードは，普段の買い物や光熱費などの支払いに利用できるだけでなく，預金からカードに入金することも可能です。

　また，銀行口座を保有していない人でも利用できます。つまり，現金や小切手に代わる，安全で費用効率の高い便利なツールといえるでしょう。プリペイドカードは，世界各国に何百万人と存在する，十分な金融サービスを受けられていない消費者にサービスを行き渡らせるうえで，特に重要な商品です。

▶わが国の現金給付が抱える課題

　震災復興時の被災者給付や，子ども手当，年越し派遣村など，わが国の給付制度は常に「現金」による給付です。そして，現金給付には，常に巨額の「キャッシュハンドリングコスト」が発生します。また，子ども手当が貯蓄にまわされ，年越し派遣村での交通費給付が「たばこ，酒」の購入に充てられたことでもわかるように，現金による給付金の用途には制限を設けることは不可能です。

▶行政発行プリペイドカードの効果

　行政が発行する国際ブランドプリペイドカードは，クレジットカードとは異なり，誰にでも発行できます。また，紛失盗難時の再発行ができるほか，用途に制限を持たせることができます。そして，現金取扱コストを劇的に削減するなど，国家の補助金行政を大きく変える可能性を持っています。

▶ネブラスカ州　新しい育児支援金給付システム，「Visaリライアカード」

　ネブラスカ州では，多くの住民への補助金給付にVisaプリペイドカードを利用して，コスト削減と住民サービスの高度化を図っています。4つの育児支援金プログラムで給付される額は，月々2,000万ドルに及びます。

　このカードにより小切手給付に伴う，配布時の盗難や紛失をはじめ巨額の配布コストが削減されました。給付はUS Bank発行の「Visaリライアカード」を使用しています。

　また，失業給付の一部には毎月自動的にチャージされるプリペイドカードが使用されます。これにより年間36万8,000ドルのコスト削減につながっています。

　現在では，保険・福祉から従業員への給与支払いにまでVisaプリペイドプログラムが導入されています。

▶ドミニカ共和国　貧困世帯への補助金給付「Visaソリダリティカード」

　ドミニカ共和国は他の発展途上国同様，貧困世帯に対する効率的，効果的なセーフティネットの構築という課題に対して「Visaプリペイドプログラム」を導入しました。援助対象者が多く，かつ全国に分散している援助対象者への食料，燃料，現金給付では手続きが混乱していましたが，これらの課題が解決されると同時に，地元商店での購入など地域活性化に結びついています。

▶パキスタン　国内難民に対し5日で180万人にVisaプリペイドを配備

　急速な経済成長をみせるパキスタンは，世界でも有数の国内紛争を抱える国でもあります。その結果，数百万の国内難民が発生しています。

　パキスタンのUnited Bank Limitedは国内難民にプリペイドを発行し，難民キャンプ近辺の小売店に対し携帯カード端末を配布しています。

第２章 国際ブランドの現状と未来

18 Visa, Inc.⑥
国際基準の非接触決済
"Visa payWave"

　Visaは自社の非接触ICであるVisa payWaveを携帯電話に搭載する動きを見せています。

　携帯電話に非接触ICを搭載するのは，わが国では2004年にNTTドコモが「おサイフケータイ」として実現していますが，世界中で追従する動きが本格化しています。

▶Visa payWaveは決済「プロダクト／商品」ではなく「インターフェイス」

　わが国には，非接触決済はプリペイドのSuicaやEdy，そしてクレジットのQUICPayやiDなどの「決済プロダクト」があります。

　しかしVisaでは，Visa payWaveをプロダクトではなく，磁気ストライプや接触ICチップと同じ，決済のための「インターフェイス」ととらえています。

　したがって，プリペイドやデビット，クレジットなどさまざまな決済スキームに対応します。

▶新しい動き

　Visa payWaveは，非接解ICタグであるkeyfob（右頁参照）などの新しい決済媒体だけではなく，先行するオーストラリアではA$100以下はサインレスにするなど，新しい取り組みが始まっています。

　その結果，食品などのレジ通過速度は現金の半分以下に短縮され，顧客と加盟店の利便性が向上し，特定の加盟店ではVisa決済の半分以上をVisa payWaveが占めるに至っています。

　わが国では単価5,000円以下の取引では100兆円が現金でありキャッシュレスの成長余地があります。また，ショッピングだけではなく，公共交通機関などへ用途が拡大しています。

Visa payWave Card

Visa payWave key fob

Visa payWave Mobile

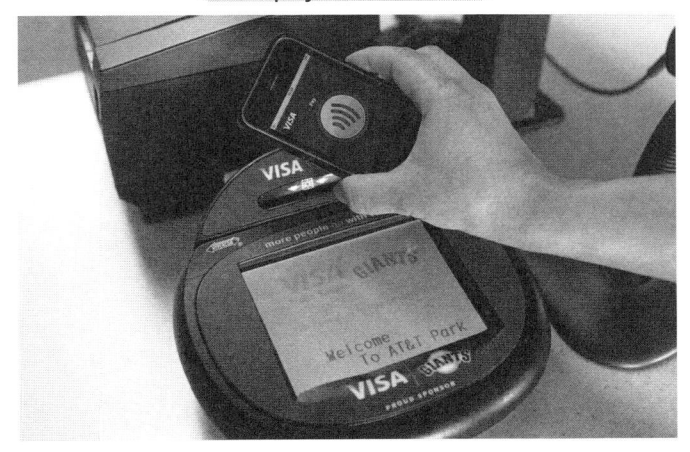

第2章 国際ブランドの現状と未来

19 Visa, Inc.⑦
Visaヨーロッパ "Vpay"

▶Visa Europe圏内専用ICカード

　欧州と米国の最大の違いは，IC カード化への取組みでしょう。

　欧州では2010年末までに，カードと加盟店端末すべてのICカード化が完了しています。

　一方，米国ではIC化がほとんど進んでいません。ここで，ICカード化が完了した欧州のカード会社にとって問題となってきたのがネット決済の増加です。

　なぜなら，従来のICカードは店舗における偽造カードなどの不正使用には有効ですが，ネット決済ではその高いセキュリティも無効となるからです。

　また，欧州圏内で発行された従来のICカードは磁気テープも搭載しているため，磁気ストライプを読み取る「スキミング」と，読み取った磁気データをプラスチックカードにエンコードする，「クローンカード」犯罪には対抗できません。

　しかも，カード犯罪の国際化は欧州でスキミングしたクローンカードを米国などのIC未対応圏内に持ち込む，といった新たな傾向も見え始めています。

▶磁気テープなし，ICチップのみ，PIN認証専用

　Vpayカードは，磁気テープをなくしたことでスキミングから防御すると同時に通用するエリアを，加盟店とATMが完全にIC化された欧州圏内に限定しています。また，サインではなくすべてPIN（暗証番号）認証です。

　また，非接触ICアンテナも搭載したコンビ型ICカードもイタリアで試用がはじまりました。

欧州決済圏専用Visa　Vpayカード（イメージ）

コラム

Vpayカードの実際

　口座開設時に発行を選択することができるほか，口座を持っていれば新たに申し込むことができます。口座開設に必要な書類は身分証明書と居住証明もしくは納税証明書。1週間から10日で窓口で発行されます。

　利用はすべて暗証番号，執筆時点ではソシエテジェネラル銀行が発行しています。2012年10月時点で，フランス国内のデビットカードの約37％がVpayとなり，イタリアでは50％を超えています。

第2章 国際ブランドの現状と未来

20 JCB①
日本で唯一の国際ブランド

　この項では，イシュア（カード発行会社）ではなく，国際ブランドとしてのJCBについて述べます。

　米国以外で決済カードの国際ブランドを持つ国はわが国（JCB）と中華人民共和国（銀聯）だけです。

▶真のグローバルブランドへ

　JCBは社名にCreditをあらわす「C」の文字をもっていますが，総合的なペイメント企業をめざしています。

　日本発の「サムライカード」としてのイメージが強いのですが，すでに世界カードとしての地位を築いています。

　もちろん，国内では最大規模となる6,553万のブランド会員数を誇りますが，海外の会員数は1,465万会員，そのうち中国の会員数は約679万会員に達します。

　JCBの取扱店契約数は世界で2,383万件ありますが，日本国内よりも海外の加盟店が多く1,568万件，アメリカ合衆国内の加盟店は約559万件に達します（数値は2013年3月末現在JCB広報部より）。

　最近北米を中心に国際ブランドを冠したデビットカード，プリペイドカード，そしてギフトカードなど新しいペイメントの動きが顕著ですが，JCBは「真のグローバルブランド」として，フィリピンでプリペイドカード，台湾でデビットカードの展開を始めました。今後も新たなサービスの拡大が期待されます。

日本で唯一の国際ブランド

1,000万会員以上のカード会社会員数

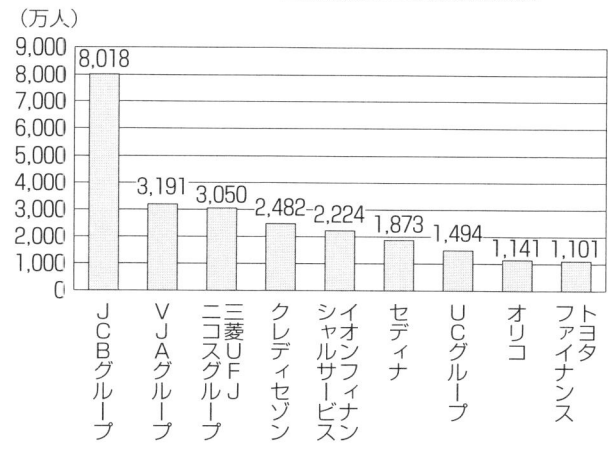

（万人）

- JCBグループ: 8,018
- VJAグループ: 3,191
- 三菱UFJニコスグループ: 3,050
- クレディセゾン: 2,482
- イオンフィナンシャルサービス: 2,224
- セディナ: 1,873
- UCグループ: 1,494
- オリコ: 1,141
- トヨタファイナンス: 1,101

注：JCBの数値は海外現地会員1,568万人を含む
出典と表記：平成25年版クレジット産業白書より

JCB取扱店契約数

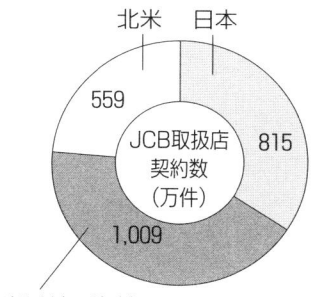

JCB取扱店契約数（万件）

- 北米: 559
- 日本: 815
- 北米以外の海外: 1,009

第2章 国際ブランドの現状と未来

21 JCB②
フルライン決済プロダクト

　Visa，MasterCard，アメリカン・エキスプレスなどに比べ，クレジットカードだけの決済プロダクトを持つJCBでしたが，その他の決済プロダクトが2013年以降出揃ってきました。

　2013年2月には，フィリピン国内だけで使用できるプリペイドカードを発行する旨のニュースをリリースしました。

　また，同8月には台湾でデビットカード，10月からは日本国内においても独立したプリペイドブランド，そして2014年には国内初となるデビットカードをスタートする予定です。

▶JCBデビットカード

　わが国の80余りの地域金融機関やカード発行会社からクレジットカード業務を受託しているJCBは，スルガ銀行，あおぞら銀行など国内金融機関により発行されるVisaデビットと同様，世界で利用できるJCBブランドを冠したデビットカードを発行し，その業務を全面サポートします。

▶JCBプリペイド（ギフト）カード

　一方，JCBはVisaブランドのプリペイドやギフトカードとは異なり，「JCB」ではなく「JCB PREPAID」という単独ブランドを起ち上げました。このプリペイドカードはギフトカードとして贈答することができます。

　ただし，JCBデビットとは異なりJCBのクレジットカード加盟店では使用できず，「JCB PREPAID」カード加盟店が新たに開拓されます。

　三井住友カードが発行する（Visaではない）「三井住友プレミアムギフトカード」と同様のスキームですが，JCBプリペイドは再入金ができることが特徴です。わが国独自の紙製「三井住友VJAギフトカード」や「JCBギフトカード」の市場を補完するプロダクトです。

プリペイド・ギフトカード

Visaプリペイドカード 　　三井住友プレミアムギフトカード　　JCBプリペイドカード

VJAギフトカード 　　JCBギフトカード

　これらの紙製ギフトカードとは異なり，サーバー型の「JCB PREPAID」や「三井住友プレミアムギフトカード」はネットショッピングでも使用できることが特長ですが，加盟店の開拓とカード発行枚数の拡大が今後の課題です。

第2章 国際ブランドの現状と未来

22 JCB③
世界に広がるT&Eカード

▶消費者とカード発行会社へ向けて

　JCBは，金融決済カードというよりもT&E（トラベルアンドエンターテインメント）カードとして充実した機能を備えています。

　ちなみに，銀行キャッシュカードやクレジットカードなどの磁気ストライプ付き（IDカード）の国際規格ISO／IEC 7812では，最初の1桁を主要産業識別子（Major industry identifier）としています。

　JCBをはじめとした，アメリカン・エキスプレスやDiners ClubなどT&Eカード会員番号の最初の1桁は「3」，であり旅行・娯楽産業をあらわします。

　JCBの歴史をたどると，1981年独力で海外の加盟店開拓にのりだし，最初の加盟店が日本人旅行者が多数訪れる香港のDFS（デューティ・フリー・ショッパーズ）です。また，わが国で最初，かつ最大のテーマパークである東京ディズニーリゾートのオフィシャルカードがJCBであることからもT&E志向であることが窺えます。

　また，T&Eカードとしてのブランドサービスも「JCBプラザ」「JCB海外お買い物保険」や「JCB会員優待プログラム」「空港サービスデスク」など，JCB会員の「旅行」をサポートする内容が充実していることが特徴でしょう。

　このことは，経済成長著しい中国国内で発行されるJCBカードが，679万会員を突破したこともT&Eカードとしての機能が優れていることの証といえるでしょう。

カードの番号体系（例）

主要産業識別子（MII:Major industry identifier）

MI値	産業
1	航空
2	航空／その他予備
3	旅行・娯楽／銀行・金融
4	銀行・金融
5	銀行・金融
6	運送／銀行・金融
7	石油／その他将来発生する産業
8	ヘルスケア／医療／通信／その他予備
9	国家

チェックディジット
（check digit ＝検査番号）

口座番号

発行者識別番号（IIN：Issuer Identifier Number）

第2章 国際ブランドの現状と未来

23 JCB④
顧客志向と「日本品質」

▶日本品質

　決済カードの差別化を決定する機能面，つまりシステムの優秀さは外部からは窺い知ることができません（第4章⑦参照）。

　圧倒的規模で拡大を続ける海外ブランドに互して，国内最大のシェアを維持し続ける国際ブランド，JCBの特徴は日本品質にあるといえるでしょう。

　海外とは異なり，金融機関による本体発行が長らく認められていなかったわが国のクレジットカードは，独自の発達を遂げています。

　その特徴を一言でいえば「顧客志向」が徹底していることでしょう。ここで「顧客」というのは「消費者」とイシュアだけではなく「加盟店」とアクアイヤラーをも指します。

　50年以上に及ぶJCBの経験は，わが国の厳しい消費者や加盟店の要望と複雑な法規制に応え続けた歴史の上になりたっています。

　たとえば，ボーナス払いや分割払いなど豊富な支払方法や銀行口座からの自動振替です。そして，加盟店に対してもきめ細かな精算業務や情報の提供，そして「提携カードサービス」などです。

　通常，海外のT＆Eカードの支払い方法はマンスリークリア（1回払い）しかありませんが，わが国のカードは複数の支払方法を1枚で実現しています。

海外における「日本品質」JCBプラザ

　筆者は，取材の拠点ホテルをJCBプラザのある都市，しかも徒歩圏に置くことが多くあります。多くのJCBプラザはビジネスにも観光にも便利な立地にあるのですが，最も頻繁に利用するのがパソコンのプリンターです。

　現地取材では，航空券や取材先の予約の証明に，内容を印字して持って行くことが多いのですが，旅行の際にはプリンターは持って行くことができません。

　もちろんスマートフォンの画面に表示することもできるのですが，紙への印字が確実です。ネットブックで予約をすませた書類をgoogleなどのパブリッククラウドに上げておき，JCBプラザに立ち寄って印字します。

　海外ホテルのパソコンも使えるのですが，日本語対応の機器は少なくJCBプラザは重宝します。しかも，そのすべてがセキュリティ万全な立地にあり，プラザの空間は「日本品質」に満たされています。旅の初心者からベテランまでJCBカードは欠かせません。

24 JCB⑤ 加盟店に向けて

▶加盟店にとって欠かせないJCBブランド

　カード濫造時代ともいえる現在ですが，新規にクレジットカードの加盟店となるときにはJCBとの契約が必須です。

　実は多くの加盟店において，最も多く使用されるカードブランドはJCBであり，JCBを取り扱わないことは，多くの顧客をJCBに加盟する競合店に奪われることを意味するからです。

　調査会社「My Voice」の「クレジットカードブランドイメージ調査第7回」[6]によると「所有するクレジットカードブランド」はJCBが1位であり42.1％，2位に10ポイントの差をつけています。さらに「信頼性・安心感」「商品開発力や企画力」「親近感」でも1位となっています。

　しかも，ここ10年でその傾向がさらに強まっています。なぜでしょうか？

▶ポイントプログラムの普及とクレジットカード

　それにはポイントプログラムの普及が大きく関係しています。ポイントを集める際には1種類にまとめた方が効率よく集まります。そして，電子マネーのなかでも比較的大きな金額に利用されるクレジットカードは，さらにポイントが貯まりやすいカードなのです。

消費者に選ばれるJCBブランド

ファーストカード

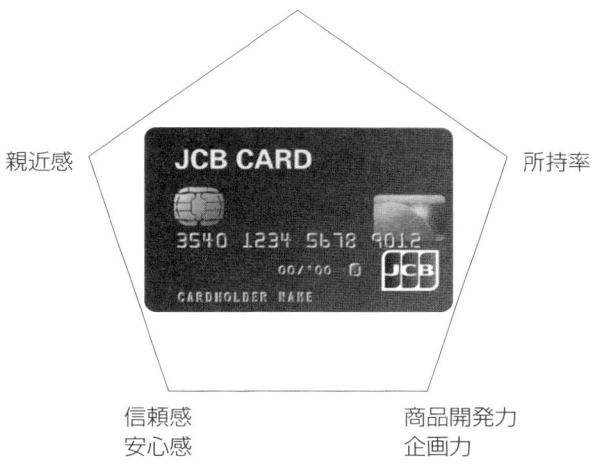

親近感

所持率

信頼感
安心感

商品開発力
企画力

出典：マイボイスコム(株)調べ

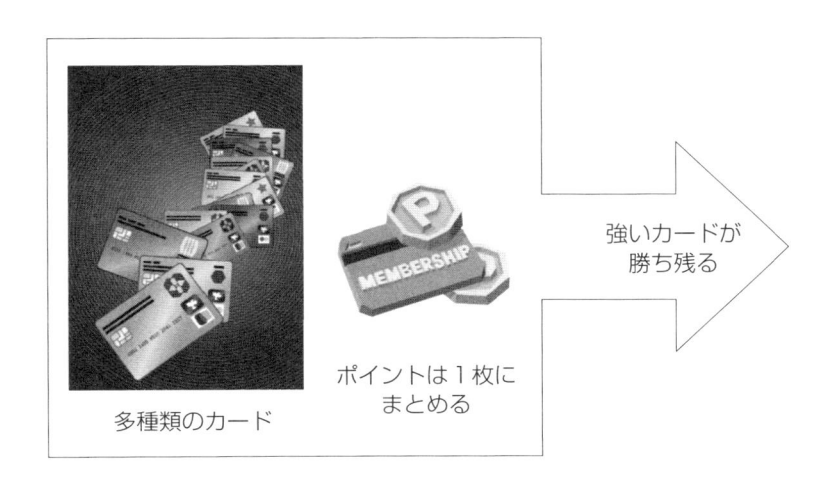

多種類のカード

ポイントは1枚に
まとめる

強いカードが
勝ち残る

第2章 国際ブランドの現状と未来

25 MasterCard①
最新テクノロジーで世界のペイメント業界をリードする

▶沿革

　MasterCardは世界の決済業界におけるテクノロジー企業として，現金を超えた利便性の高い社会（A world beyond cash）の実現を目指します。世界最速の決済ネットワークを運用し，世界210を超える国や地域の消費者，金融機関，加盟店，政府，企業を繋いでいます。設立は1966年チェース・マンハッタン銀行を中心に，地方銀行協会に属するInterbank Card Associationが組織され，Master Charge（現在のMasterCard）が発行され現在に至っています。

　2011年にアジア／太平洋，中東，アフリカ地域において設立25周年を迎えたMasterCardは，1986年に同地域内で初めてとなるオフィスを香港に設立し，日本オフィスは，1990年7月12日に設立されました。

　加盟店数は全世界で3,590万店でカード枚数は19億枚（2013年6月時点），総取引件数約340億件，総取引金額約3.6兆ドルとなっています（2012年第4四半期時点）[7]。

▶MasterCardの特徴

　MasterCardはクレジットカードの発行，金利や年会費の設定はしません。これらはカード発行会社によって行われます。MasterCardは複数金融機関の集合体が出発点でした。現在も，さまざまな企業や団体と融合，提携しながら特徴ある事業展開を図っています。たとえば，2002年7月2日欧州ユーロペイと統合したため欧州決済圏に強いといわれています。

　また，画期的なネット決済ソリューションMasterCard inControlをはじめ，非接触IC決済MasterCard *PayPass*，次世代型デジタル決済サービスのMasterPassオンラインデビットカードであるMaestro，そして世界最大規模のATMネットワークCirrusを運営しています。

MasterCard 沿革についてのハイライト

1966年	米インターバンク・カード・アソシエーション（ICA）として設立
1988年	Cirrus（シーラス）ATMネットワークを買収
1991年	世界初のオンライン・デビットカード・ネットワーク Maestro（マエストロ）を提供開始
1997年	「Priceless（プライスレス）」広告キャンペーンを開始
2001年	ペイメント産業に特化した世界最大のコンサルティング機関であるMasterCard Advisors（マスターカード・アドバイザーズ）を設立
2002年	Europay Internationalと合併・会員組織から非公開株式会社へ転身
2006年	• 新たなコーポレート・ガバナンスとオーナーシップの体制に転身 • MasterCard Inc.は，NY証券取引所に新規上場，MAの銘柄で株式を公開
2008年	• デビットおよびプリペイドカードのカード発行会社および金融機関のためのIPS（Integrated Processing Solution）グローバル・プラットフォームを導入 • 主要金融機関向けのペイメント・ソリューションの大手ソフトウェア・プロバイダーであるOrbiscom, Ltd.を買収
2011年	e-commerce分野のソリューション強化のため，DataCash社を買収
2012年	トラベレックス社のプリペイド部門を買収（アクセスプリペイドジャパン株式会社）

　社会貢献活動として，日本ではPurchase with Purposeといったプログラムを通じ，売上の一部を慈善活動団体に寄付しています。またアジアを中心とした国々では，UN Womenとの協同で，Project Inspireを展開，女性の社会進出を支援しています。

　2012年には，国連WFP（世界食糧計画）と全世界でパートナーシップを組み，開発途上国政府との協業においてミールクーポンを発行するなど，MasterCardのテクノロジーを通じた食糧支援を展開しています。

26 MasterCard② 各ブランドおよびソリューションについて

▶ MasterCard

MasterCardは，世界で最も認知されているクレジットおよびデビットカードのブランドの１つで，即時の購買を可能にし，デビットカードの場合にはセキュリティ，預金口座へアクセスできる利便性等，柔軟なペイメントオプションを提供しています。

▶ Maestro

Maestro（マエストロ）は，世界で最も認知されているデビットカードのブランドの１つです。全世界でショッピングができ，ATMで現金を引き出せる暗証番号（PIN）ベースのオンライン・デビットカードです。

▶ Cirrus

Cirrus（シーラス）は，世界最大のグローバルATMネットワークであるMaserCard/Cirrus ATMネットワークのブランドです。Cirrusブランドは，世界中のATMより預金口座へアクセスできます。

▶ MasterCard *PayPass*

MasterCard *PayPass*は，日々の小額の買い物の際に現金に代わる便利でスピーディーな非接触の決済方法です。サインが不要で，カードを読み取り機に通さずに支払いを済ますことができます。2013年第３四半期現在，世界で約56カ国約160万箇所（対前年比182％）の加盟店で利用されています。

▶ MasterPass

MasterPassは，従来のプラスチックカードからデジタル・ウォレットまですべての決済方法を統合し，どこにいても簡単な操作で支払いが行える次世代

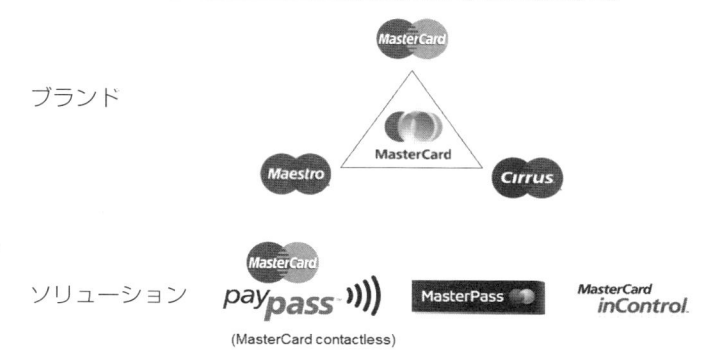

MasterCardが提供するソリューション

ブランド

ソリューション

(MasterCard contactless)

非接触IC決済 *PayPass*

型サービスです。

▶MasterCard inControl（マスターカード・インコントロール）

　MasterCard inControlは高度な認証，パラメータ制御，バーチャルカード番号，アラート機能などを提供するテクノロジー・プラットフォームです。これにより，強力で拡張性の高く柔軟なペイメント・プラットフォームを加盟各社に提供します。カード会員や法人ユーザーは個別のニーズに基づいて与信枠内で商品の使い勝手を効率的にカスタマイズできるようになります。

27 MasterCard③ 非接触IC決済　*PayPass*の今後

▶MasterCard *PayPass*

　PayPass とは，MasterCard が提供する，日常のお買い物の際に現金に代わる非接触決済サービスです。*PayPass*搭載のクレジットカード，スマートフォン，腕時計等を*PayPass*加盟店の端末機にかざすだけで，簡単に支払いができます。また，国際標準である ISO14443 TypeA/B に対応しているため，国内外問わず利用できます。

▶MasterCard *PayPass*の全世界での加盟店舗や発行状況

　2013年第3四半期現在，*PayPass*は，世界60カ国約160万カ所（前年対比182％増）で利用可能です。世界で，200以上の発行会社から*PayPass*搭載のカードやデバイスが発行されています。
　2013年10月末現在190機種以上の携帯型端末で，*PayPass*の利用が可能です。

▶今後3年間でNFC対応の非接触決済端末41万台を国内展開

　MasterCardが2012年10月より非接触決済においてサインレスで決済できる上限金額を2,500円から1万円に引き上げ，日々の支払いの利便性がさらに向上しました。
　今回，41万台をターゲットとして日本で新たに導入されるMasterCard非接触決済端末は，国内のカード会社によって展開され，これにより国内における世界共通の決済インフラ整備が充実します。

▶今後の展開

　海外では，公共交通機関での非接触決済の普及を牽引しています。
　また，国内ではあらゆる企業ブランドにスムーズに活用できる，"ホワイトラベル" 対応 NFC モバイル・ウォレット・サービスを提供します。

*PayPass*店舗利用

*PayPass*公共交通機関利用

28 MasterCard④ 最新技術 MasterCard inControl 1

　MasterCard inControlとは，顧客やカード保有者がクレジットカード，デビットカード，プリペイドカード利用に，カスタム制御をかけられるようにするしくみです。
　2009年にMasterCardが買収したOrbiscom社によって開発され，約70カ国で稼働しています。
　具体的には，利用者がカード利用条件（1回あたりの利用金額，指定期間の利用回数や金額，有効期限など）や場所（利用国，加盟店種別）を細かく設定し，その動きを把握できるようにします。利用者は消費者の他，法人，行政など広範囲に及びます。
　inControlは消費者向けに3種，企業向けに2種，不正対策に1種，合計6つのソリューションで構成されています。

▶消費者向けソリューション

●Secure Pay
　利用者は，自身のカード番号そのものを加盟店に提示することなく，限度額や有効期限を事前設定したバーチャルカード番号を利用し，安心・安全にオンライン決済が可能となります。

●Authorization Controls & Alerts
　利用者は，事前設定した（限度額，期限，国家などの）制御パラメータに基づき，意図した利用途に反した利用があった際，あるいは，利用上限に近づいた場合にメッセージ告知（アラート）を受けることが可能になります。

●Family Solution
　利用者は，「親カード」「家族カード」に，家計管理やお小遣い管理のため，それぞれのカードに異なる制御（期間限度額，利用時間，加盟店種別など）機能やメッセージ告知をセットすることが可能になります。

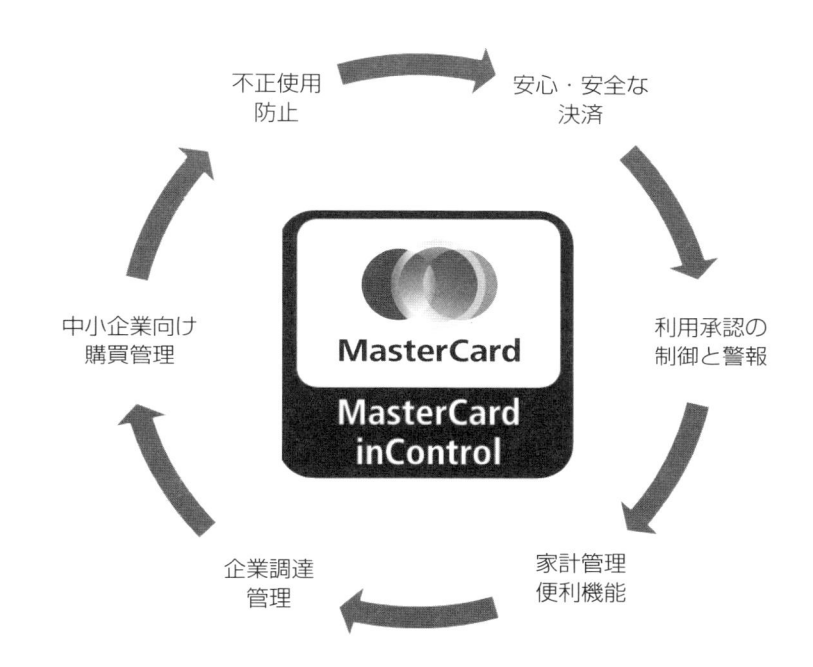

```
        不正使用              安心・安全な
          防止                  決済


  中小企業向け          MasterCard          利用承認の
    購買管理         MasterCard inControl     制御と警報


          企業調達              家計管理
            管理                便利機能
```

消費者	・安心・安全なショッピングと支出管理	**本人カード，家族カード，子供カード** ・夜間の取引をブロック ・月々の利用限度額を設定 ・限度額上限に近づいたら通知 ・仮想カード番号の発行で，実カード番号をインターネット上に入力しない
中小企業	・機動性高い従業員支出管理	**ビジネスカード** ・土日の購買行為をブロック ・特定加盟店での購買時に通知 ・ネット上での利用をブロック
大企業	・効率よく透明性の高い購買管理	**法人カード** ・提携法人カードでは，取引先ごとに特定のカード番号を設定し管理 ・特定国での取引をブロック ・役職別に取引上限額を設定

29 MasterCard⑤
最新技術
MasterCard inControl 2

▶企業向けソリューション

● Purchase Control

利用企業は，バーチャルカード番号を取引先ごとに発行し，それぞれのカードに（期間限度額や有効期限などの）パラメータ制御を施すことで，企業による購買や買掛金管理を効率化します。また，従業員別の利用コントロールも可能となります。取引先にとっても購買管理ツールとなります。

● Small Business Controller

利用中小企業は，安全なオンライン決済を実現するバーチャルカード番号の生成，従業員別の購買行為の制御設定や，カード利用に際するアラート設定が可能。従業員の支出管理ツールです。

▶不正対策ソリューション

● Fraud Control（2013年現在，欧州のみの展開）

利用者は，イシュアへの連絡で「グローバル利用」または「欧州のみ利用」の地理的利用制限の設定・変更が可能となります。

国家やエリアをまたがった，クロスボーダーの店舗対面取引における不正対策ツールです。特に，スキミングで偽造されたクローンカードの海外利用やネット利用を防止します。

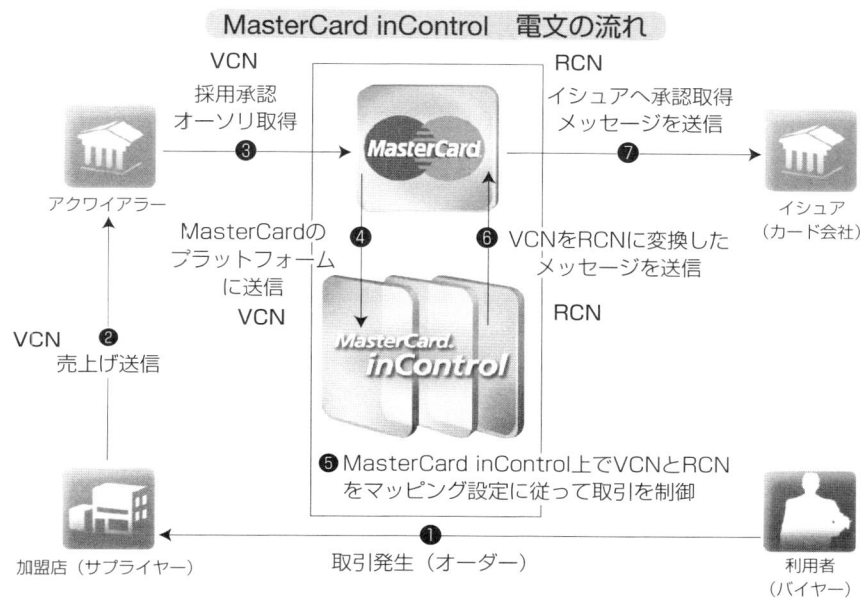

MasterCard inControl　電文の流れ

VCN
採用承認
オーソリ取得
❸

RCN
イシュアへ承認取得
メッセージを送信
❼

アクワイアラー

イシュア
（カード会社）

MasterCardの
プラットフォーム
に送信
VCN
❹

❻ VCNをRCNに変換した
メッセージを送信
RCN

VCN　❷
売上げ送信

❺ MasterCard inControl上でVCNとRCN
をマッピング設定に従って取引を制御

加盟店（サプライヤー）

❶ 取引発生（オーダー）

利用者
（バイヤー）

- VCN（Virtual Card Number＝仮想カード番号）
- RCN（Real Card Number＝実カード番号）

第2章 国際ブランドの現状と未来

30 MasterCard⑥ 最新技術 多通貨ICプリペイドカード

▶海外での現金盗難被害は振り込め詐欺に相当

2012年の日本人海外旅行者のうち，何らかのトラブルに遭遇した人は，推計159万人です。「盗難・紛失」が約75％，「現金の盗難・紛失」は全体の約35％にのぼりました（株式会社トラベルジャーナル調査）。

現金の被害総額は推計152億円で，振り込め詐欺被害額約155億円（警察庁発表）に匹敵します。1年間の1人あたりの平均被害額は3万5,000円，持参した現金1年間の総額は1人あたり平均20万円となっています。

▶海外旅行用プリペイドカード

海外へのお金の携帯方法ともいえる海外専用プリペイドカードには，現金やトラベラーズチェックに替わる商品で，現金を持ち歩くことで発生するリスクやトラブルを軽減します。

主な特徴は以下4点が挙げられます。

1．どなたでも申込みが可能

プリペイドカードの為，入会審査が無く基本的にはどなたでも持つことができます。

2．高い利便性

MasterCardブランドのATMや加盟店で利用できるため便利です。

3．ICチップ付で安全

欧州では，ICカード決済が標準です。磁気カードだけでは店舗での利用を断られる場合があります。2015年からは全世界でICカードが標準となります。

また，ICカードは買い物の際にも暗証番号が必要であるため，万が一盗難に遭っても不正使用が防止できます。

4．複数通貨に対応

マルチカレンシーカードは1枚のカードの中で複数通貨のアカウントを保有

MasterCard Asia/Pscific Pte.Ltd.のライセンスに基づき
トラベレックスジャパンにより発行される海外専用カード。

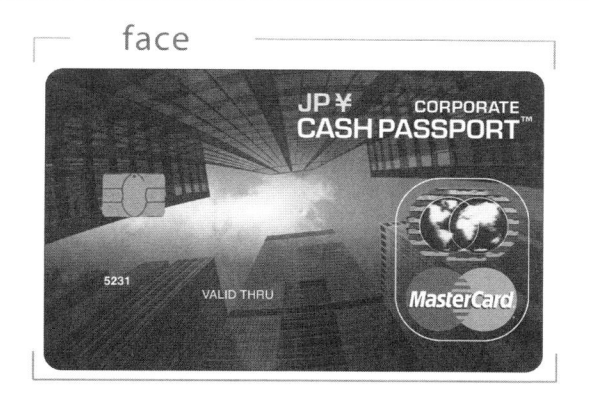

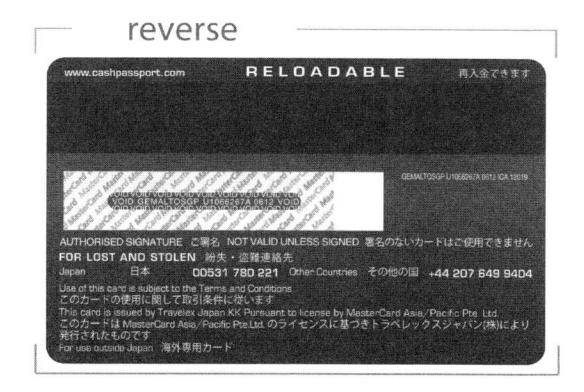

face

reverse

することができます。外貨で残高を持つことができるので，円高の時に外貨アカウントに入金することで，円高時のレートのままで入金した金額を利用できます。

5．履歴の紹介が可能
　インターネットでアカウントを登録することでカードの残高照会や暗証番号の変更なども簡単です。

第2章 国際ブランドの現状と未来

31 MasterCard⑦ 最新技術 MasterPass 1

▶次世代型デジタル決済サービス

　従来のプラスチックカードの概念を打ち破り，より快適なショッピング体験を実現します。

　オンライン，実店舗など，どんな場所からでも，マウスでのクリックあるいは画面でのタップやタッチだけで，あらゆる種類の決済カード，モバイル，タブレット，PCなど対応する端末を利用して簡単に買い物をすることができます。

▶MasterPassの3つのサービス機能①

●MasterPassチェックアウト・サービス

　場所やチャネルを問わない電子決済手段を，利用者と加盟店に提供します。モバイル，タブレット，PC等のさまざまなスマートデバイスに対応。また将来的にはNFC，QRコード，NFCタグ，バーコード等にも対応します。

　オンラインショッピングでは，MasterPassに一度登録していれば，購入の際に配送先や決済カード情報を入力する必要がなく，利用者はシンプルに購入手続を済ませることができます。

　また将来的には，たとえば店頭やレジに行くことなく，利用者が売り場通路で手に取った商品に貼付されているQRコードや電子タグの情報を，その場で手持ちのモバイル端末等に読み取ることにより，MasterPassに登録したカードで支払手続を完了することもできるようになります。

MasterPassチェックアウト・サービス（店頭）

MasterPassチェックアウト・サービス（オンラインショッピング）

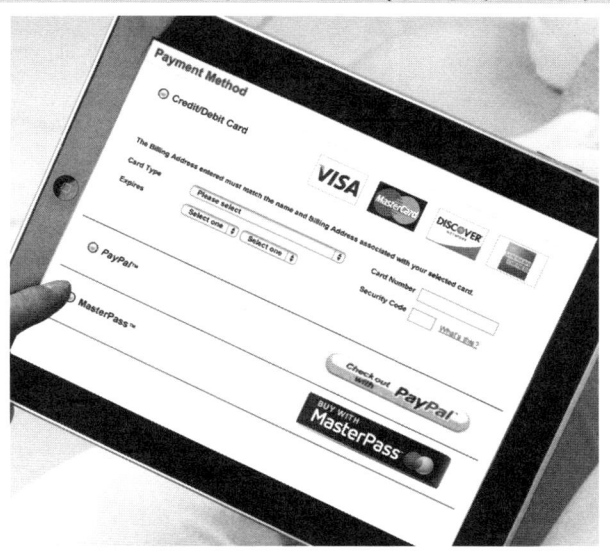

第2章 国際ブランドの現状と未来

32 MasterCard⑧ 最新技術 MasterPass 2

▶**MasterPassの3つのサービス機能②**

●MasterPassが提供するウォレット・サービス

ウォレットとは、カード情報や個人情報に加えさまざまなポイントやクーポンなどを集約することができるサービスです。

このサービスにより、たとえばスマートフォンで決済をした際に、クーポンによる割引や、ポイント付与などといった付加サービスが、決済時に自動的に適用され、消費者は複数のポイントカードやクーポンを持ち歩き、支払いごとにクーポンやポイントカードを提示する必要がなくなります。

金融機関、加盟店、パートナー企業は、独自ブランドのウォレットを展開することができます。カード情報、住所録の個人情報はクラウド上、もしくはモバイルに実装されたチップ上で安全に管理されます。このウォレット・サービスは、オープンな設計を採用しており、MasterCardに加え、他社のブランドのクレジットカード、デビットカード、プリペイドカードにも対応しています。

また、自社のブランドでウォレットを提供することで、自社の顧客に安全性と利便性の高い決済手段を提供できるだけでなく、ポイントサービスの活用や、利用者の購買履歴に基づくクーポン情報配信などによって売上拡大を図ることができます。

●MasterPassの高付加価値サービス

口座情報の閲覧、リアルタイムのアラート機能、ロイヤルティ・プログラムやプライスレス・シティ・キャンペーンの特典に関する情報配信機能などを利用することができます。

MasterPassと連携したウォレット・サービス

> **コラム**
>
> **ウォレット普及には生体認証が欠かせない**
>
> 　NFCを搭載したウォレットは，期待されたほどの広がりを見せていません。その原因には加盟店側の端末設置がまだ少ないことがあります。そして，ユーザー側に広がらないのは，セキュリティの問題です。
> 　ウォレットはネット決済などにサービスが拡大し，利便性が向上しています。
> 　パスワード認証だけではなくiPhone5Sで実用化された指紋認証がウォレット普及の鍵を握っています。

33 MasterCard⑨ グローバルな研究開発体制

▶ **MasterCard Labs（マスターカード・ラボ）**

　MasterCardは，これまでにないスピードで革新的な決済ソリューションを迅速に市場に提供していくため，グローバルで研究開発を行うMasterCard Labs（マスターカード・ラボ）を2010年に設立しました。

　この研究所は，業界に，最先端の決済ソリューションや次世代の決済アプリケーションを開発する，革新的決済のためのインキュベーターとしての役割を果たすことを目指しています。

▶ **MasterCard Advisors**

　MasterCardのプロフェッショナル・サービス部門であるMasterCard Advisorsは，世界各国の金融機関をはじめとするカード発行会社や加盟店を対象に，決済に特化したコンサルティングサービスを提供しています。高度な戦略立案能力と決済事業での実務知識を組み合わせて，戦略の立案・遂行を成果が出るまで支援します。コンサルティング以外には，インフォメーション・サービスとして決済情報を個人が特定できないように加工した上で，ポートフォリオデータ以外の外部データと組合せ，意思決定に必要な情報を提供したり，グローバルな先進事例を基に，商品開発，マーケティング等の実務のアウトソース・サービスを提供するなどの取り組みも行っています。

現金を超えた利便性の高い決済ソリューション

WorldBeyondCash

MasterCard

> **コラム**

なぜカードに有効期限があるのか？

　キャッシュカードには有効期限がないものがありますが，国際ブランドを冠したクレジットカードの多くには有効期限が設定されています。

　わが国のキャッシュカードは取引のすべてが，リアルオンラインで処理されますので，サーバー側で不正利用を察知できます。したがって，カードに有効期限を設ける必要性がありません。

　しかし，クレジットカードはオフライン取引が一定量発生するために，偽造や贋造などによる不正利用のリスクが常に存在します。しかも，その偽造贋造手段と防止対策は日進月歩ですから，一定期間を定めて有効期限を設ける必要があるのです。

第2章 国際ブランドの現状と未来

34 銀聯（UPI=UnionPay International）①
アジアから世界へ[8]

　アジア発の国際ブランドである銀聯(ぎんれん)は中国の経済発展に伴い，近年急速にその規模を拡大しています。

　中国の決済カードとしては1986年に中国銀行が発行した人民元建てのクレジットカード「長城カード（Great Wall Card）」が最初です。しかし，その後は2002年まで，各銀行が独自のカード処理端末の設置を行ったために共用化が進まず，市場の拡大も見られませんでした。

▶2002年中国銀聯設立

　「銀聯」ブランドを付与されたカードは発行銀行以外のATMや加盟店での利用が可能になりますが，海外での利用を更に促進する為に，Visa等の国際ブランドを冠したダブルカードの時代を迎えます。

▶2004年〜海外展開へ

　中国銀聯は香港市場へ参入し，それをきっかけとして海外への展開が一気に進みました。2007年前後には東南アジア，香港，日本，韓国など中国人観光客に人気が高い地域において銀聯ブランドの加盟店網が整備されます。

　これ以降，ダブルカードから「銀聯」シングルブランドカードの時代を迎えます。

▶2012年12月

　UnionPay Internationalを設立。

　銀聯カードの総発行枚数は38.3億枚，その内クレジットカードは約1割の3.6億枚，デビットカードは34.7億枚となっています（2013年6月末現在）。

1999年当時，加盟店店頭の独自端末群

銀聯カード発行枚数（億数）

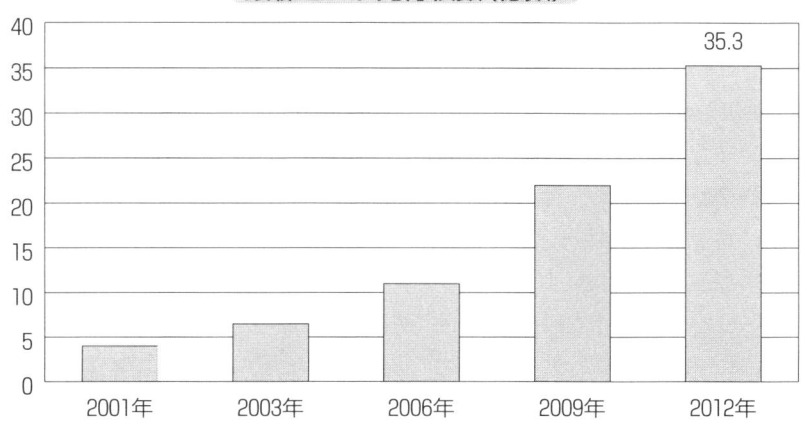

年	発行枚数
2001年	約4
2003年	約6.5
2006年	約11
2009年	約22
2012年	35.3

第2章 国際ブランドの現状と未来

35 銀聯（UPI＝UnionPay International）②　アジア・太平洋地域における銀聯

▶アジアで1位

　世界で35億枚以上を発行。すでに，141の国と地域で利用可能となっています。特にアジア地域での利用額はVISAを抜いて第1位です。そして，ショッピングの平均単価は$366と高く，Visaは$94，アメリカン・エキスプレスは$221，JCBは$114となっています。

▶特徴ある決済

　銀聯最大の特徴は，デビットカードが発行枚数の9割を占めていることです。そして，不動産や車などの高額決済にも使用できることです。

　これには，いくつかの要因が考えられます。

　まず，金融機関における振り込みやローンなどの金融決済インフラが発展途上であること，そして，カード決済比率の高い韓国と同様，最高額紙幣が100人民元（＝¥1,732：2014年1月時点為替レート）と低額通貨であることです。さらに，汚損紙幣や偽造，贋造紙幣の問題もあります。

　また，デビット決済の加盟店手数料も低く設定されています。したがって，カード決済総額と平均決済金額も高くなります。

アジア太平洋地域の国際カードブランド取扱高 (2011-2012年比較)

ブランド名	利用率単位（ドル）						件数（百万件）					カード枚数（単位：百万枚）	
	合計	前年増比	購入	前年増比	現金引出し	前年増比	合計	前年増比	購入	前年増比	(mil.)	前年増比
UnionPay	$3,777.59	35.0%	$3,294.00	36.9%	$483.58	23.3%	11,715.0	34.7%	9,009.0	40.5%	3,534.0	19.8%
Visa	$1,707.11	11.5%	$1,148.61	11.8%	$558.50	10.7%	15,004.1	9.9%	12,259.8	9.2%	670.0	9.3%
MasterCard	$837.55	20.9%	$605.41	20.0%	$232.14	23.3%	7,836.4	20.3%	6,033.4	18.2%	320.5	13.6%
JCB	$183.91	14.4%	$177.48	14.5%	$6.44	11.2%	1,588.4	12.8%	1,552.9	12.8%	78.3	4.3%
Amer.Express	$108.22	12.4%	$106.08	12.5%	$2.14	9.9%	494.4	7.5%	479.3	7.5%	17.5	10.6%
Diners Club	$10.17	-3.5%	$9.70	-2.7%	$0.47	-17.0%	42.0	-10.8%	40.2	-10.9%	1.2	2.6%
Totals	$6,624.55	25.2%	$5,341.28	27.3%	$1,283.27	17.4%	36,680.3	19.2%	29,374.6	19.4%	4,621.5	17.4%

出典：THE NILSON REPORT：AUGUST 2013 ISSUE 1023

アジア太平洋地域の国際カードブランドショッピング取扱高シェア

- UnionPay 62%
- Visa 22%
- MasterCard 11%
- JCB 3%
- American Express 2%
- Diners Club

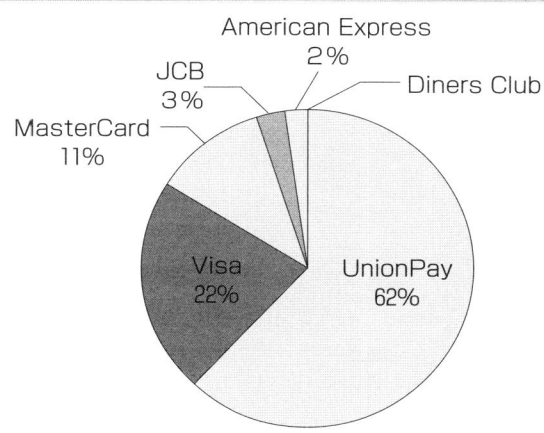

出所：THE NILSON REPORT：AUGUST 2013 ISSUE 1023

第2章 国際ブランドの現状と未来

36 銀聯（UPI＝UnionPay International）③ 高いセキュリティと日本国内サービス

　カードや通信手順など，基本的にはEMVに代表される国際決済ブランドに準拠しています。

　ただし，デビットによる高額決済を見越し，独自の高いセキュリティレベルを設定しています。

　具体的には以下の3つです。
- 暗証番号6桁
- サイン併用
- フルオンライン認証と処理

　中国銀聯の日本国内サービスは大きく4つに分けることができます（2014年現在）。

1．加盟店業務

　三井住友カード株式会社，三菱UFJニコス株式会社，イオンクレジットカード株式会社，株式会社ジェーシービー，トヨタファイナンス株式会社，ユーシーカード株式会社，株式会社クレディセゾンと協力し日本国内の加盟店開拓業務を行っています。

2．ATM業務

　ゆうちょ銀行，セブン銀行，三菱東京UFJ銀行，三井住友銀行，イオン銀行，京都銀行，みずほ銀行の各ATMにおいて，預金の引き出しなどのサービスを受けることができます。

3．カード発行業務

　三井住友カード株式会社，三菱UFJニコス株式会社では銀聯クレジットカードを発行しています。

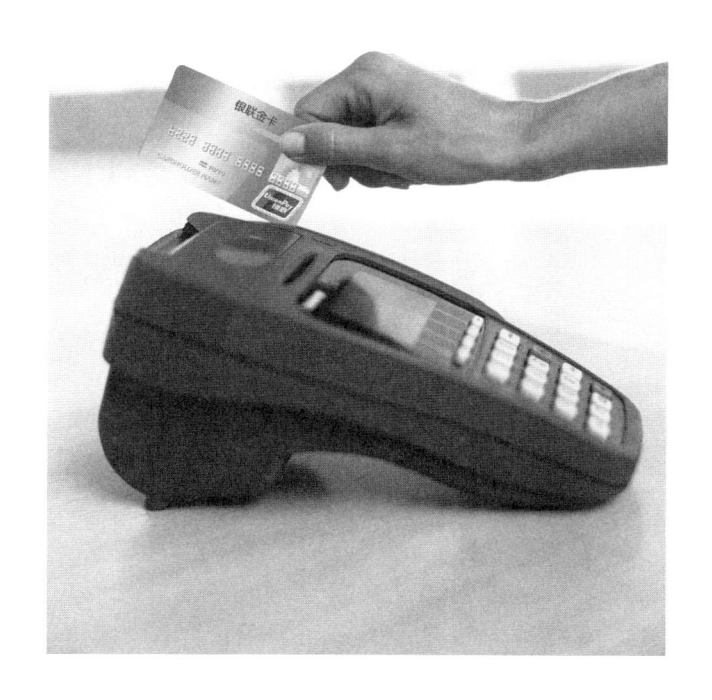

また，中国銀行東京支店，中国工商銀行東京支店では銀聯デビットカード，トラベレックスではプリペイドカードを発行しています。

4．インターネット決済（ネットショッピング業務）支援業務
　日本企業が中国人の銀聯カード会員向けにオンライン販売活動を行うために，三井住友カード株式会社，ベリトランス株式会社，ユーシーカード株式会社と提携しています。

37 ダイナースクラブ　高い会員属性と加盟店のグレード

▶Diners Clubが意味するもの

"Dinners（食事をする人）のクラブ"を語源にもつカードです。

わが国最初の汎用クレジットカードとしても，最初のプラスチックカード発行者としても有名ですが，一般のクレジットカードとは一線を画しています。もともとの会員資格は，年齢33歳以上，持ち家を原則として，中堅企業のオーナーもしくは役員，大手企業の管理職，その他医師・弁護士，大学教授などとなっていました。つまり，高い社会属性を持つ人々のクラスター（集合体）を"クラブ"というコンセプトであらわしているのが特長です。

新規入会についても会員からの紹介を重視していました。

また，独自開拓した加盟店のグレードが高いことも特長です。

▶多種類のカード

ダイナースクラブは24時間のコールセンターに加えて，ウェブを介しての顧客サービスに注力しています。また，ダイナースクラブプレミアムカードは，たいへん充実したコンシェルジュサービスを提供しています。

ダイナースクラブは，ユーザーニーズに合わせて，以下のような複数種類の個人カードを発行しています。

- ダイナースクラブカード（レギュラー）：ユーザーの高い信用力にふさわしいバリューとステータスを持つカード
- 航空会社各社との提携カード：国内外を舞台に活躍するビジネスピープルのためのカード
- ダイナースクラブビジネスカード：社用経費決済ができ，事業をサポートするサービスを備える，ビジネスオーナーや役員に発行されるカードで個人事業主向け機能を追加した個人カード

さらに，サプリメンタル（supplemental=追加）カードとして，リボルビン

ダイナースクラブのさまざまなカード

ダイナースクラブプレミアムカード 　　ダイナースクラブカード（レギュラー）

提携カードJAL 　　提携カードANA

ビジネスカード 　　リボルビングカード

グ払い専用カードや家族カード，ETCカードを発行しています。

第2章 国際ブランドの現状と未来

38 アメリカン・エキスプレス

▶AMERICAN EXPRESS（AMEX）

　運輸業として郵便為替を開発，その後トラベラーズチェック（T/C＝旅行小切手）を発行し，旅行業，そして金融業へと発展してきました。T/C発行では世界最大で，世界中で便利で安心なサービスを提供してきました（2014年3月31日日本国内販売終了）。

　発行されるカードには，旅行を安全かつ快適に行うための機能が充実しています。特に，盗難紛失時に現地での緊急再発行や，海外で購入した商品の補償（ショッピングプロテクション）など旅行関連サービスが特徴です。

　わが国では，ゴールド・カードやプラチナ・カードなど，プレミアカードで知られています。しかし，米国では，無記名のギフトカードやプリペイドカード，年会費のかからないブルーカードなど多種類のカードを発行しています。わが国では，JCBと加盟店業務で提携関係にあり，急速に日々の生活で利用できる加盟店が拡大しています。

▶"MEMBER SINCE" プレミアカードの特徴

　アメリカン・エキスプレスのカード面を見ると，"MEMBER SINCE" と年度の表記があります。これは会員資格を取得した年度を示しています。

　カード会員限定の特別なイベントや優待価格などを世界中で設けており，多くのカード会員が特別なメンバーシップに加盟していると感じています。

▶セレクティブパートナーシップモデル

　アメリカン・エキスプレスも，さまざまなアライアンス戦略を展開していますが，提携先には厳密な審査があります。

　提携カードには2種類あります。1つは，全日空やデルタ航空など優良加盟店との提携カードです。顧客サービスはイシュアとなるアメリカン・エキスプ

プロパーカード

提携カード

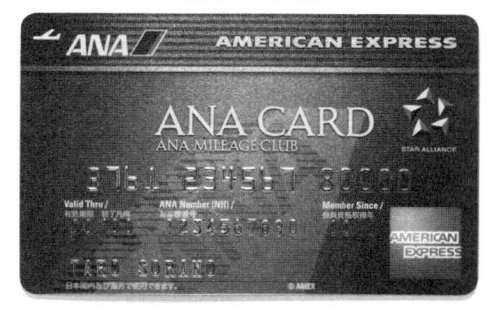

中央の人物像は，センチュリオン（ラテン語：centuriō）：世界中に派遣されたローマ軍の軍団兵の隊長であることから，安心・安全・信頼のシンボルとしている。

レスが提供します。

　もう１つが，ブランドを他の金融機関に貸与して，提携先がイシュアとなる場合です。このモデルの提携先には，三菱UFJニコス，クレディセゾン，エムアイカードがあります。

第2章 国際ブランドの現状と未来

39 国際ブランド，何を選択するか？

　Visa，MasterCard，JCB，銀聯，アメリカン・エキスプレス，Dinersといった国際ブランドは，1枚のカードにつき1つのブランドしかえらぶことができません。それでは，消費者が国際ブランドを選択する際のポイントはどこにあるのでしょうか？

▶メインカード1枚では危険
　一般誌では，「ポイントプログラム」ばかりが特集されますが，海外ではカードの決済機能が重要です。なぜなら，ポイント付与がいくら優れていても現地で使用できなければ意味が無いからです。

▶海外旅行には複数枚数が必携
　海外決済の決め手は，国際ブランドとイシュア（発行企業）の上手な組み合わせです。広範な加盟店網を持つ国際ブランドであっても，ネットワークなどの通信環境の良し悪しは地域によって異なるからです。ホテルでカードが利用できない時は，ATMで出金しますが，夜間には危険な屋外設置のATMしか使えない場合が多々あるからです。
　そんな時には，複数のカードがあれば安心です。
　まず，加盟店が世界中に広範に存在するVisa，MasterCardの2枚があればいいでしょう。ただし，イシュアは2社に別けておく必要があります。なぜなら，イシュア原因でトラブルが発生した場合には2枚とも使用できなくなるからです。さらにICチップが付いていないカードは，ヨーロッパでは不便です。
　中国旅行では，地方都市に行くと銀聯しか使用できない加盟店が多く，銀聯カードが必携です。
　その他，日本人観光客が立ち寄る都市の多くにサービス施設「プラザ」を持つJCBや，旅行者に手厚いサービス施設を持つアメリカン・エキスプレスがあ

カード取引が中断されたレシート

屋外設置ATM

れば便利です。観光案内やカードの紛失再発行，観光案内をはじめ，現地でLCCや観光施設のオンラインチケットを購入する場合には，印刷用のパソコンが利用できます。

　ただし，現地事務所が持つ機能には，ブランドの直接発行カードしか利用できないものがあるので事前に確認が必要です。そのうえで，海外旅行保険やラウンジ利用などの付加機能が充実したプレミアカードを選べば良いでしょう。

　また，インターネットが苦手な人はコールセンターやコンシェルジュサービスが充実したDinersも良い選択です。

第2章 国際ブランドの現状と未来

40 DCC（Dynamic Currency Conversion=動的通貨換算）

▶急増する新しい通貨換算決済サービス

サービス名は「カレンシーチョイス」「為替変動リスク回避決済」「自国通貨決済」などと呼ばれ，海外のネット通販，店舗販売，ATMでの出金時に適用されるサービスです。わが国でも一部のアクアイヤラーで実施されています。

▶海外旅行者には注意が必要

DCCは，海外でカードを利用する際に現地通貨ではなく，旅行者の自国通貨で決済するしくみです。海外旅行客の多い観光地のホテル，土産物販売店，空港などの免税店で実施されています。

通常，為替手数料は自国イシュア側の収益ですが，この場合は海外アクアイヤラー側の収益になります。加盟店との契約によっては海外アクアイヤラーが海外加盟店にDCC取扱手数料を支払う場合もあります。

消費者にとっては，海外での利用時に自国通貨で金額が提示されますので便利です。また，利用時のレートが適用されるので為替変動の影響を受けることもありません。

しかし，海外で呈示される外貨との換算手数料と，自国のカード発行会社との海外利用契約手数料のどちらが有利か比較する必要があります。

さらに，海外利用分の精算日がいつになるかも重要です（円高が進行している局面だと，精算が遅いクレジットカードの方が円決済には有利になります）。最近は海外利用の即時精算が増えています。

▶DCC決済の実際

図はDCCの流れ図と，実際にユーロ圏で日本発行のクレジットカードをDCC決済した売上票です。

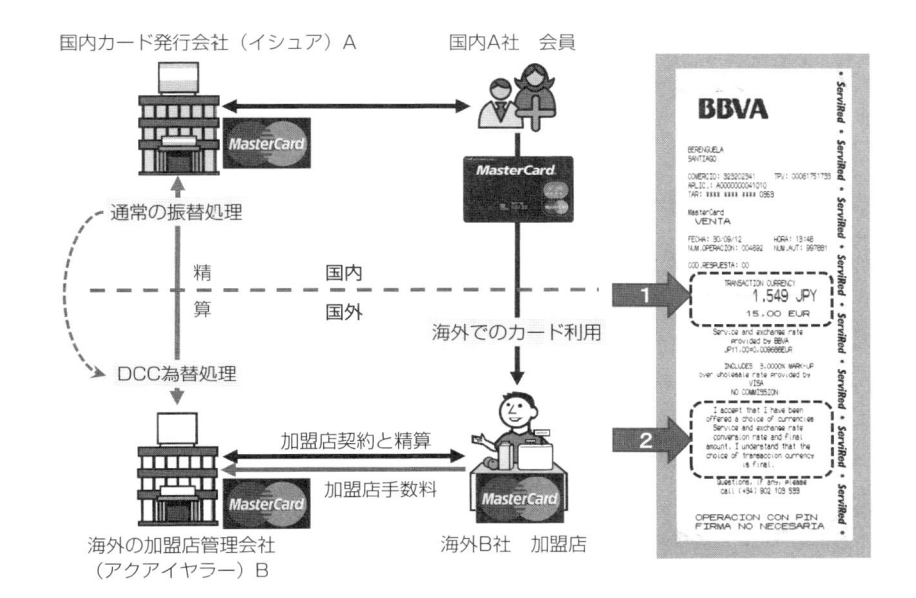

この時点では、利用時の為替レートは1ユーロ＝100円でした。この売上票には　1　15ユーロに対し、1,549円がDCCの取扱金額となることが印字されています。そして、売上票の下部　2　には、カード所持者がDCCサービスの適用を承認する旨の文言があります。

　基本的に、DCC使用の判断はカード所持者側にあるので、利用時に手数料を確認し、どちらの通貨を利用するか意思表示をすれば良いでしょう。

　一部のプリペイドカードには、ドルやユーロ建てのカードがありますが、これらのカードでDCC決済をすると、二重に為替処理が発生し、手数料も二重にかかりますから注意が必要です。

第2章 国際ブランドの現状と未来

41 デビットカードの加盟店手数料に上限規制

　国際ブランドの付いた各種の決済カード（クレジット，デビット，プリペイド，ギフト）はすべて同じスキームで処理されます。
　したがって，加盟店手数料も同じです。しかし，米国ではデビットカードの手数料に上限が設定されています。

▶米国「ダービン修正条項」Regulation Ⅱの概要

　米国では「ダービン修正条項（The Durbin Amendment）」が金融機関のデビットカード収益に大きな影響を与えています。
　これは，デビットカード決済手数料の基準となる「インターチェンジ手数料IRF（=Interchange Reimbursement Fee）」の徴収に制限を設ける施策です。
　具体的には，VisaとMasterCardのデビットカードの決済コストに対し「合理的で釣り合いのとれた」手数料の監督を連邦準備制度理事会（FRB）に義務付ける内容となっています。
　理由は，債権管理コストが発生するクレジットカードや，新しいプロダクトであるプリペイドやギフトに比べて，デビットはコストが低いこと，そして，市場における両決済ネットワークの取引優位性（独占禁止法）にあります。
　「合理的で釣り合いのとれた」デビットカード決済手数料とは，それまで1トランザクション当たり平均で44セントだったものが，連邦準備会の決定により23セントと決められ，ダービン修正条項施行後は金融機関の収益がほぼ半減しました。また，この条項はメガバンクが対象で資産100億ドル以下の中小規模金融機関には適用されませんが，中小規模金融機関の手数料は相対的に高くなり，競争上苦しい立場におかれることになりました。
　米国の金融機関は，収益確保のために特典の廃止，口座維持手数料の設定や会費の徴収を実施しようとしましたが，消費者の反発（「バンクトランスファーデイ」運動）を受け頓挫しました。

カード発行会社　イシュアー

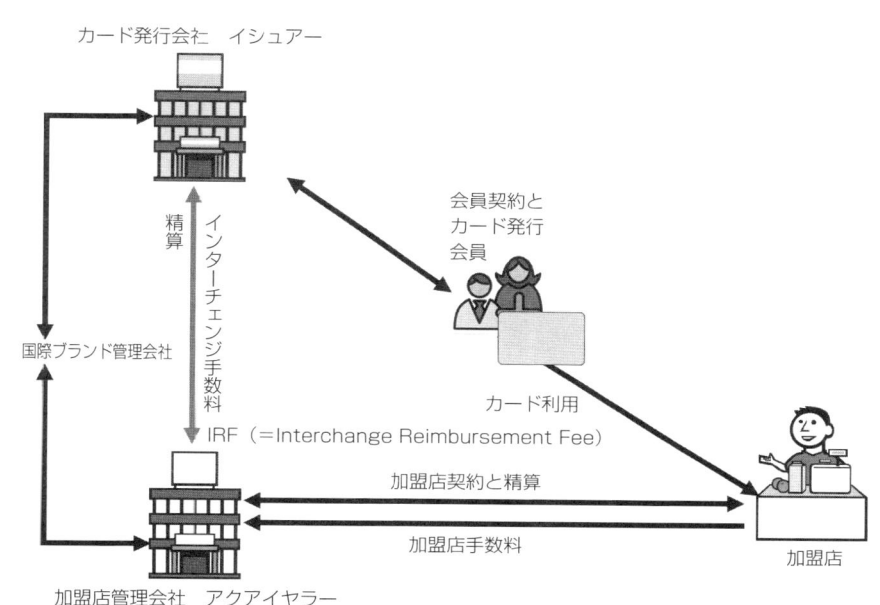

会員契約と
カード発行
会員

精算

インターチェンジ手数料

IRF（＝Interchange Reimbursement Fee）

国際ブランド管理会社

カード利用

加盟店契約と精算

加盟店手数料

加盟店管理会社　アクアイヤラー

加盟店

　その結果，加盟店の少額決済市場の手数料優遇措置を撤廃したため，店舗によってはデビットカードの取扱を停止するなど，カード決済サービスの低下を招いています。
　同様のIRF手数料規制は欧州委員会（European Commission）でもクロスボーダー取引で実施されていますが，米国の規制に対しては訴訟が進行しています。
　わが国で同様のサービスを実施する際には，口座維持手数料や取扱手数料などの商品設定が必要でしょう。

42 楽天Edy①　利用者（消費者・加盟店）目線と技術基盤

　世界で最初に登場した，本格的な非接触IC電子マネー楽天Edy（以下Edy）は，「新」貨幣のさきがけといえるでしょう。

▶Edyのコンセプト

　まず，非接触型ICデバイスの優位性が第一にあげられます。Edyが登場するまでの「電子マネー」は，接触型ICを使用した実証実験ベースの展開が中心でした。

　ソニー株式会社が開発した非接触IC技術「FeliCa」を基盤とするEdyは，当初から非接触の優位性を最大限に活かしてビジネスを構築しています。

　Edyは，数多く実施された実証実験の結果とその分析を踏まえ，非接触ICという新しい技術を用い，従来からの課題をことごとく解決して誕生しました。

　① 顧客が自分でカードを操作できる「安心感」

　それまで，わが国の決済カードの多くが，レジで従業員にカードを手渡す方式でした。これはカードの読み取り操作には，表裏，上下，早さに習熟が必要だったからです。

　それに対し，非接触ICはタッチするだけで「誰でも」「簡単に」操作できます。なにより決済カードを他人に渡さず処理が完了する「安心感」をわが国で初めて実現しました。

　② 暗証番号不要の「スピード」

　一方，チャージできる最大金額を5万円とすることにより，決済時には暗証番号（PIN）入力が不要となっています。

　③ 反応の早さと信頼性が生み出す「爽快感」

　他の非接触ICと比べても圧倒的な高速処理と，決済時の「シャリーン」という操作音は，処理の確実さをイメージさせます。

これは，Felicaが複数の通信を平行して処理する「パラレル」通信が実現する「爽快感」です。
　そして，FeliCaが実現する100㎜/secという高速処理は，レジ処理時間を25％から33％も削減します。

43 楽天Edy②
中立で展開する決済ビジネス

　Edy導入時のコンセプトは，事業としてのコミットメント（責任をもって関わること）です。

　Edy事業は，アプリケーション構築だけではなく，「モノ」造りが伴います。モノ造りを伴う新規事業は参入障壁が非常に高く，しかもビジネススキームが確立していない状況での参入には大きなリスクが伴います。

　しかしEdyは，技術基盤こそソニー株式会社が開発しましたが，決済事業については「中立性」を貫いています。

▶マルチカードイシュア（だれでもEdyを発行できる）

　Edyはイシュイング（発行）をソフトとハードの2つに分離しています。

　ソフトはバリュー「金銭的価値」です。これは，サイフに入れる金銭そのもので，厳しい管理体制が求められます。

　一方，ハードとはカードそのもので，いわばサイフに相当し，だれにでも容易に発行できます。

　カードを発行する事業者を「カードイシュア」と呼び，カードイシュアは国内最大の800社に及びます。

▶バリューイシュアが法対応をする

　金銭的価値であるバリューを発行する事業者を「バリューイシュア」と呼びます。

　Edyはプリペイド方式ですから，「資金決済法」の適用を受けます。厳しい金銭価値の管理と資金決済法（たとえば，供託金など）への対応はすべて「バリューイシュア」が行います。

Edyにおけるイシュアの分離

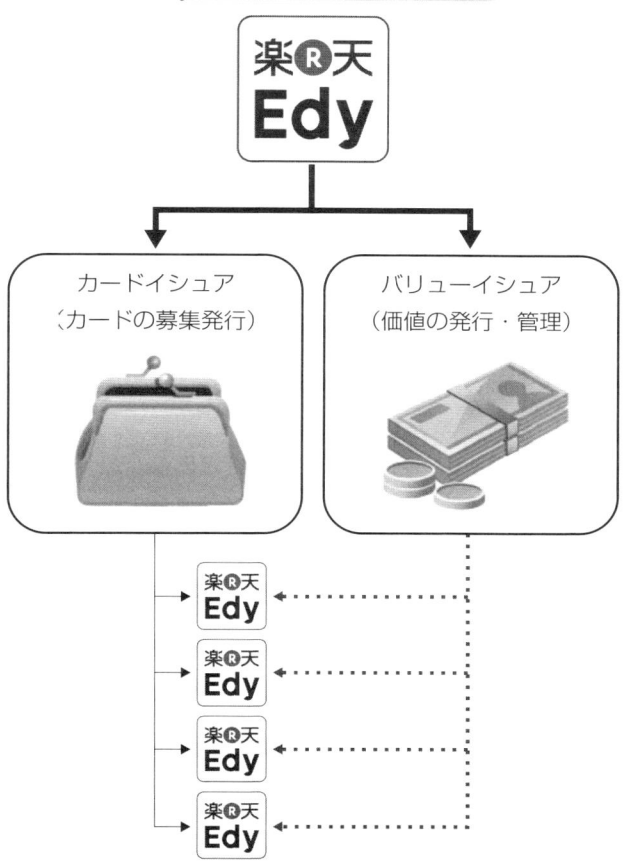

楽天Edy

- カードイシュア（カードの募集発行）
- バリューイシュア（価値の発行・管理）

第2章 国際ブランドの現状と未来

44 楽天Edy③ ネット決済展開

　Edyが登場した2001年以降，最も大きな変化はネット社会の進展でしょう。当時のインターネット環境は，まだナローバンドの時代であり，ネット通販の市場規模は5,000億円に満たない状況でした（2000年には楽天株式会社が上場を果たしています）。

　しかし2012年には，10兆2,000億円と10年足らずで20倍以上となり[9]，現在でも毎年2桁の市場拡大を続けています。消費行動は確実にリアルからネットへとシフトしているのです。これには，ネット環境の急速なブロードバンド化が影響を与えています。2000年初期のナローバンドから中期ADSLを経て，現在ではFTTH（Fiber To The Home＝光ブロードバンド），FTTD（Fiber To The Desktop）の時代を迎えています。

▶楽天傘下となったEdy

　FTTHの時代を迎え，ネット通販の情報訴求力は飛躍的に向上しましたが，同時にテレビ放送との融合も進んでいます。

　2013年9月2日，NHKは，テレビとインターネットの機能を連携させた新しいサービス「NHKハイブリッドキャスト」を始めました。この技術により，テレビの通信販売がネットの通信販売と連携することになり，通販市場に大きな効果をもたらします。しかし，代金決済が課題となるでしょう。

　現在はクレジットカード決済が主流ですが，カード番号入力の煩雑さやそのセキュリティが課題になっています。

　情報家電メーカーのソニーが中心となって発行したEdyは，簡単で安全なネット決済メディアとして，楽天傘下でカードとモバイルサービスを強化し新しい歩みを始めようとしています。

　オンライン，オフライン両方の決済機能を持つEdyはO２O（Online to Offline）戦略の決済スキームです。

FTTH 光ブロードバンドの進展

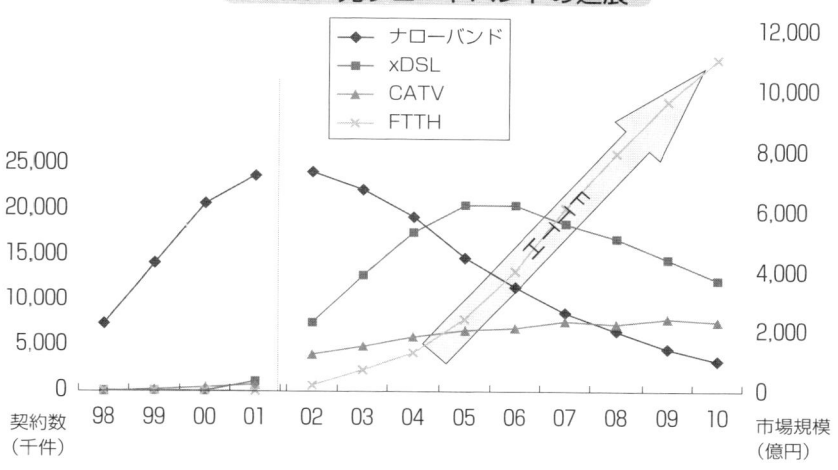

凡例:
- ナローバンド
- xDSL
- CATV
- FTTH

左軸: 契約数（千件） 0〜25,000
右軸: 市場規模（億円） 0〜12,000
横軸: 98, 99, 00, 01, 02, 03, 04, 05, 06, 07, 08, 09, 10

Edyのネット決済対応

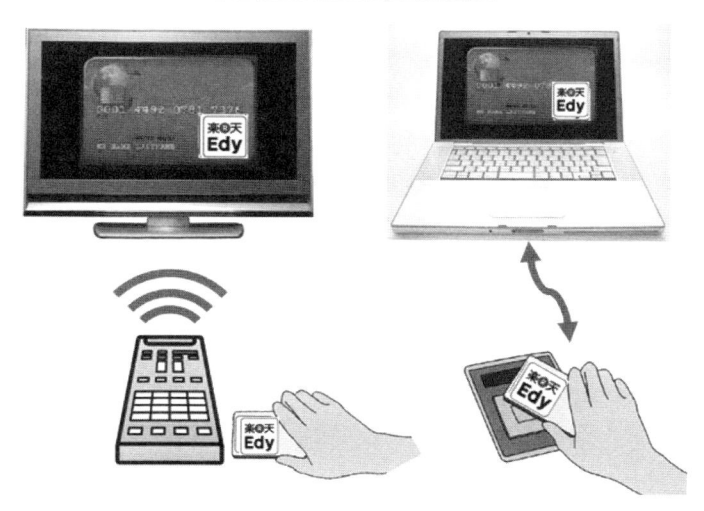

45 nanaco
流通業界最初の非接触IC電子マネー

　株式会社セブン&アイ・ホールディングス傘下の株式会社セブン・カードサービスが発行する，nanacoには大きな特徴があります。
　それは，プリペイド型非接触IC電子マネーのなかで，月間稼働件数が最も高いことです。決済系カードビジネスは発行枚数と同時に，稼働率を重視します。
　数多くの電子マネーのなかでnanacoの稼働率の高さの理由はどこにあるのでしょうか？

▶レジにあらわれた顧客重視の思想
　nanaco対応レジの特徴は，カードの読み取りレジタッチの他に顧客側に操作をさせないことにあります。
　多数の電子マネーが登場した現在，販売店によっては，多数の端末機が並ぶか，顧客に使用する電子マネーを選択させる事例がほとんどです。
　高齢化社会が進む現在，顧客に負担をかけない店舗システムの構築が差別化のポイントとなります。

▶モバイルへの対応
　nanacoはいち早く，「おサイフケータイ」に対応しています。カードビジネスの大きなコスト要因として，カード製造コストがあります。
　また，カード濫造社会では，カードを発行しても，消費者の財布に残ることは困難となっています。モバイルへの早期対応は1つの解決策です。

プリペイド型非接触IC電子マネー1枚あたりの年間稼働件数

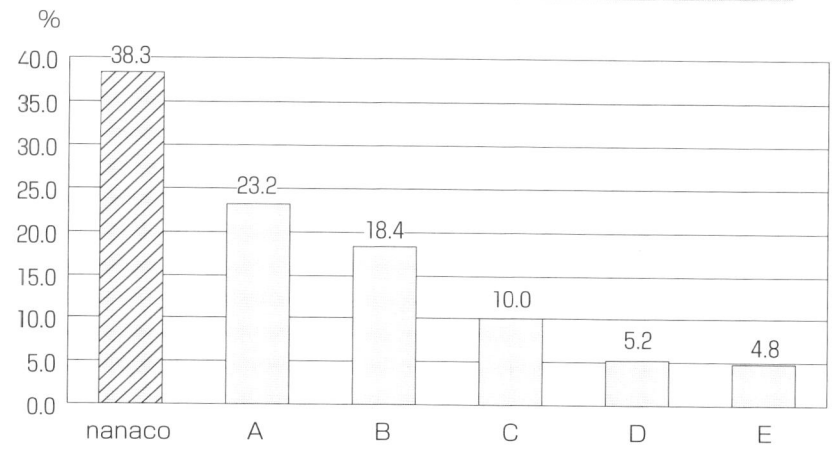

	%
nanaco	38.3
A	23.2
B	18.4
C	10.0
D	5.2
E	4.8

出典：2013年3月13日，6月9日付け日経MJより筆者作成

早期のモバイル対応と顧客にとってわかりやすいカード読取部

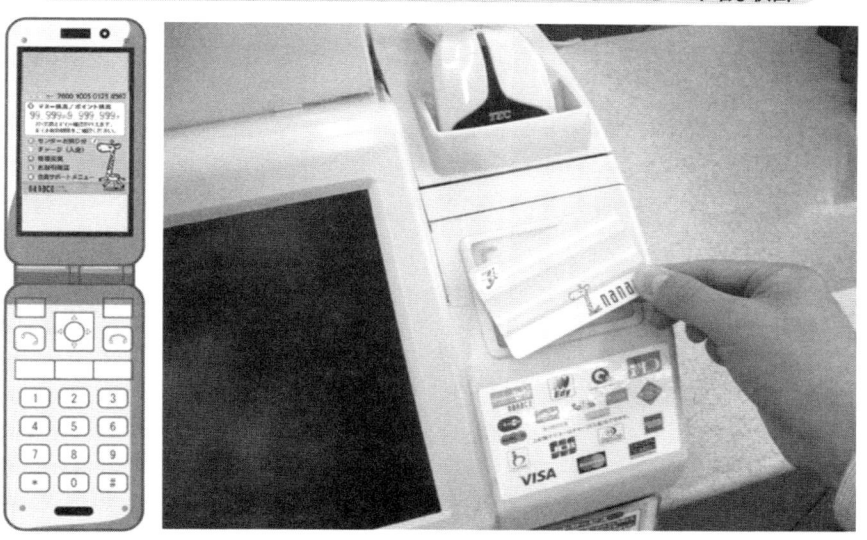

第2章 国際ブランドの現状と未来

46 Suica・PiTaPa 世界に誇る高速処理

　わが国の非接触は，IC乗車券で一気に普及したことでもわかるように，処理速度を重視しています。実測値では1分間に50人以上の改札通過を実現しています。
　一方，海外のIC乗車券はパリのメトロやニューヨークのサブウェイなどで実施されていますが，2013年に視察をした時には，1名の通過に3秒から5秒必要でした。
　改札口ゲートの構造も違うのですが，Suicaは改札口のカード読み取り部の設置角度や，カードに内蔵されるアンテナの形状などに細かい工夫が施され，驚異的な高速処理を実現しています。

　最大の特徴が，カードに内蔵された，プリペイド価値の交換に際し，オフラインとオンラインの長所を取り入れていることです。
　基本的に，プリペイド価値はカード上に持っており，改札機との間でごく短時間で価値の移動を行い，オフラインでカード上の情報を書き換えます。
　また，その情報を上位サーバに送るため，紛失盗難の際にもプリペイド価値の再発行が可能となります。しかも，Suicaは1円単位の決済が可能です。
　それに対し，海外の非接触ICではゾーン運賃定額制度や，週間，月間単位の定期券機能が多く，わが国のように乗車カードによる決済機能が広範囲に普及しているわけではありません。
　わが国のIC乗車券は世界最高のレベルに達しています。

おなじみのSuicaとJR東日本の高速改札機

パリ，メトロのIC乗車券NAVIGOパス

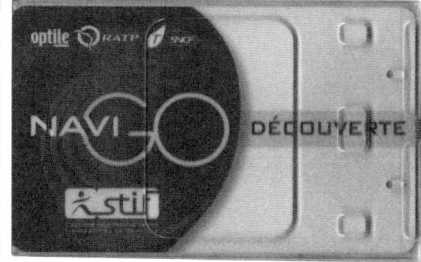

パリメトロ改札口

第2章 国際ブランドの現状と未来

47 PiTaPa 関西民鉄のポストペイ

▶なぜポストペイなのか（設備面）

　Suicaなど，IC乗車券として一般的な「プリペイド」方式にはいくつかの課題があります。

　まず，コストの問題です。カード型乗車券には，ヨーロッパに多い，乗車エリア（ゾーン）を設定して回数や期間で処理をするストアードライド（stored ride）方式と，乗車距離に応じて，金額を減算していくストアードフェア（stored fare）方式があります。

　そして，これらを支えるインフラは改札機，券売機，定期券発行機，駅窓口などです。プリペイド方式は，現金からの入金を行うため，すべてのインフラを新方式に変更する必要があります。しかし，後払い「ポストペイ」であれば，最終の決済は口座からの自動引き落としで済みますから改札機だけの更新で済みます。

▶なぜポストペイなのか（顧客対応）

　これは，導入されたのが関西という土地柄も影響しているのかもしれません。「プリペイドは前払いなのにプレミアはつかないのか？」あるいは，「10回乗ったら1回サービスはないの？」など，消費者の要求が合理的かつ，厳しい土地柄であるのと同時に，磁気乗車券を最初に導入したクリエイティブな気風も影響しているのでしょう。

　ポストペイは後払いですから，毎月の利用をいったん取りまとめて一括集計をします。つまり，集計の段階で一定区間の乗車頻度で，回数券や定期券の料金に再計算することが可能なのです。

PiTaPaイメージ図

PiTaPaセンター

カード調製, 会員管理, 加盟店管理, 請求, 代金回収, Web対応, コールセンター, 不正データ管理, 運賃計算, 利用データ集計, 社局清算, 加盟店清算等

⇒ クレジットカード会社に業務委託

月次の利用代金を請求 → 顧客指定の金融機関
口座引落し ←

- 利用額の精算 → PiTaPa加盟店
- 利用データ送信
- カード発行
- 利用データ送信
- 運賃の精算 ← PiTaPa交通利用エリア
- 利用データ送信

入会申込み / カード利用

顧客（PiTaPa会員）

カード利用 → PiTaPa加盟店

- 店舗等での代金の支払い時に, カードの残額を意識することなく, カードを読取部にかざすだけで, 瞬時に決済が可能。
- レジで財布から小銭を取り出して, お釣りをもらうという繁雑さが解消される。

- 定期券, 回数券等の券種を気にすることなく, 自動的に利用実績に応じた運賃割引の適用も可能。
- ショップdeポイントによる電車, バスの利用促進が図れる。

コラム

欧州の特徴ある流通系ペイメントカード

　下の写真は，パリで最大の百貨店Galeries Lafayetteの顧客カードです。日本人の観光客もよく訪れますが，現地在住のMARRYさんにその使い勝手を聞いてみました。

　まず，ポイントプログラムやバーゲンの優待といった日本の百貨店と同様のサービスに決済機能がついています。このハウスペイメントカード以外にも，ペイメント機能のついていないカードや，MasterCardのブランドを持ったカードがあります。

　身分証明書，RIB（銀行口座情報），勤務先の住所電話番号があれば即時発行されます。ペイメント機能はプリペイド，デビット，後払いを持っていますが，一定金額以上では無金利の3回分割ができます。また，利用時に即時払いか後払いかを決めることもできます。利用には暗証番号が必要です。年会費はハウスカードは無料ですが，MasterCardブランドは年間7ユーロ必要です。

第3章

スマートフォン決済の行方

◆

　この章では高機能携帯電話，特にスマートフォンと決済の関係を明らかにします。

　具体的には，決済カード媒体としてのスマートフォンや，スマートフォンを決済カード端末として利用するアプリケーションについて記述します。

　決済媒体として，プラスチックカードから磁気カード，そしてICカードが使用されてきましたが，今後スマートフォンが大きな役割を担うことでしょう。

第3章 スマートフォン決済の行方

1 モバイルウォレット（wallet＝財布）

　2004年NTTドコモから世界初のウォレットサービスとしてフューチャーフォンに非接触IC決済「おサイフケータイ」が登場し，決済にモバイルの時代が到来しました。

　その後，2007年アップル社からiPhoneが発売され，スマートフォン（以下スマホ）の時代を迎えます。そして，2010年にはフランスのニースでスマホを使用する，海外版おサイフケータイとも言える「Cityzi」商用プロジェクトがスタートしています（42ページ）。

　その後，GoogleのGoogle Walletや米国大手キャリアのモバイル決済ジョイントベンチャーであるISISなどが非接触IC決済に参入しました。

　現在のウォレットサービスは，VisaのV.meやMasterCardのMasterPassのようにオフライン（実店舗）の非接触ICによる決済サービスだけではなく，チェックアウトサービス，そしてロイヤリティプログラムなどのプロモーションにも使用されています。

　参入業界も多岐に渡り，バークレイズ銀行のピングイット（Pingit），ATMネットワークであるパルス（Pulse），アメリカン・エキスプレスのサーブ（Serve），UnionPayの「ウォレット」，飲食では注文決済処理用として導入されたスターバックスや，ケンタッキーフライドチキンのファストトラック（Fast Track）があります。

　さらに，インターフェイスは非接触ICだけではなく，QRコード，バーコード，Bluetooth，そして音波など多様化がすすんでいます。

　Bluetoothは，Apple社がiOS7に搭載した「iBeacon」やPayPalの「Beacon」で使用される近距離無線通信技術です。個々のモバイル端末をそれぞれ認識して，それに合わせた情報を送信することができるため，ユーザーが店舗や商品に近づけば特別なサービスの案内を送ることも可能です。さらにiBeaconは，事前にカード情報を登録することで決済機能を持たせることも可能です。

非接触決済とウォレットの進化

2002年～2007年
非接触IC決済の技術黎明期
Paypass
おサイフケータイ
Paywave

2010年～2011年
NFCスマートフォンを使用したウォレットコンセプト登場
Cityzi
Google Wallet
ISIS

2012年～2013年
統合型決済ウォレットの登場
V.me
MasterPass
Pingit

インターフェイスの拡大
QRコード
Bluetooth
バーコード
音波など
Passbook
iBeacon

2 モバイルPOS（Point of sale=販売時点）システム

　2010年，Squareから，磁気カードリーダーをスマホのイヤホンマイクジャックに挿入しカード決済を行うビジネスモデルが登場しました。

　従来，カードの加盟店契約に必要とされていた，煩雑な契約手続きと複雑な手数料体系，そしてカードリーダーやPOSの導入コストを廃し，わずか数年で取扱高が150億ドルを突破しました。

　その後，世界中で同様のビジネスモデルが稼働するに至っています。米国から始まったこのビジネスモデルは，磁気カードとサイン認証への対応だけでしたが，欧州へ拡大するにつれて接触型ICカードとPIN（暗証番号）へと進化し，そして非接触型ICへの対応も始まっています。

▶拡大する市場

　先行するSquareについで，大手POSベンダーVeriFoneからは「Payware」というサービスが始まり，また，同じく大手であるNCR SILVER やMagTekも参入しています。インターネット決済を提供するPayPalからは「Here」，会計ソフト大手のIntuitから「GoPayment」，そして共同クーポンのGROUPONが「Breadcrumb」。そしてベンチャーの「RevCoin」などが続々と参入しています。いずれも磁気カードへの対応です。

　ただし，VeriFoneは中小小売店のカード市場から，大手小売業の統合店舗POSシステムの無線子機市場をターゲットにし，接触ICと非接触ICへの対応も開始しました。

　その後，各社は欧州へ展開し，現地のベンダーも続々参入しています。

　ドイツ「Payleven」，イギリス「Handpoint」，スウェーデン「StreetPay」，スペイン「Itos」は磁気カードと接触型ICカード。スウェーデン「iZettle」や，アイルランド「SumUp」は接触型ICカードのみ。非接触IC決済が急速に普及しているオーストラリアCommonwealth Bankの「Albert」，ブルガリア

国	企業	製品・サービス名	対応インターフェイス 磁気	対応インターフェイス 接触IC	対応インターフェイス 非接触IC	備考
米国	Square	Square	○			
〃	VeriFone	Payware Mobile e210	○	○	○	多機種構成・エンタープライズ対応
〃	PayPal	Here	○	○※		※欧州では接触ICに対応
〃	Intuit	GoPayment	○			
〃	GROJPON	Breadcrumb	○			
〃	RevCoin	RevCoin	○			
〃	MagTek	QwickPAY	○			
〃	NCR SILVER	NCR SILVER	○			
ブルガリア	Datecs	PPAD1.0	○	○	△※	※非接触ICはオプション
ドイツ	Payleven	Payleven	○	○		リーダーは別筐体、Bluetooth接続
イギリス	Handpoint	Handpoint	○	○		
スペイン	Itos	Pago Móvil	○	○		リーダーは別筐体、Bluetooth接続Datecs社製
スウェーデン	StreetPay	StreetPay	○	○		
スウェーデン	iZettle	iZettle		○		リーダーは別筐体とイヤホン端子接続型
アイルランド	SumUp	SumUp		○		
オーストラリア	Commonwealth Bank	Albert	○	○	○	
インド	Ezetap	Ezetap	○	○		リーダーは$50
日本	フライトシステム	ペイメント・マイスター	○	△※	△※	三菱UFJニコスの協力で開発、銀聯対応※カードリーダーIncredist
〃	ROYAL GATE	ペイゲート	○	△※	△※	※カードリーダーはPG-AR01
〃	リンク・プロセシング	Anywhere	○			端末はNTTドコモ+ScanJacket、分割払いやJCB対応など多機能
〃	プラグラム	スマレジ	○			決済代行会社と提携、銀聯、Jデビットに対応
〃	ペイパルジャパン	Here	○			ソフトバンクとの合弁会社
〃	SBI Pay for All	SBI Pay for All	○			プリンタ付磁気カードリーダー
〃	コイニー	Coiney	○			クレディセゾン提携
〃	楽天	スマートペイ	○			JCB、AMEX、Diners、Discover対応(別途審査)に対応
〃	Square	Square	○			三井住友カード提携
〃	ベリトランス	mPOS	○			

　Datecs社「PPAD1.0」は磁気、接触ICに加え非接触ICにも対応します。

　わが国では、2010年から2013年にかけてフライトシステムの「ペイメント・マイスター」を皮切りに、PayPal「Here」、楽天「スマートペイ」そしてSquareなどが参入しています。

第3章 スマートフォン決済の行方

3 わが国のモバイルPOS（mPOS）

　わが国のカード決済における課題の1つにクレジットカードやデビットカード加盟店の少なさがあります。
　海外からの観光客対応にも加盟店の拡大が必要です。
　特に，中小小売店やスモールビジネス分野の加盟店拡大が重要であり，そのためには割賦販売法などの規制緩和をはじめ，
1．端末の低価格化
2．手続きの簡素化と精緻な加盟店審査
3．適性な加盟店手数料
4．短時間での振込
　など，キャッシュフローの改善も必要です。
　わが国では10社がmPOS事業に参入していますが，上記の4項目を高い次元でクリアするのは，Square，楽天「スマートペイ」，PayPal「Here」でしょう。特に加盟店審査には，従来とは全く異なった思想が必要です。「精緻」な審査とは，審査を厳格にして初期導入のハードルを上げることではありません。
　GPSを利用したジオフェンシング（位置情報利用）など，利用都度の監視システムや，一定期間での利用金額マネジメントを実施することで総合的なリスクを低減しながら，新規加盟のハードルを下げることが必要です。同様に，加盟店のキャッシュフローに影響を与えないことも重要です。海外の事例を見れば，最初にmPOSを採用した業種には「弁護士」があったそうです。「弁護士」という肩書きを外せば，物販ではなく，店舗もなく，移動先での決済が発生するという，従来の加盟店審査では判断の難しい業態です。
　筆者も数社に加盟店の申込みをしましたが，Square，楽天「スマートペイ」，PayPal「Here」いずれも3日から1週間で決済が可能になりました。
　PayPalは，PayPal口座には即時入金ですが，金融機関への出金には最短3営業日必要です。楽天スマートペイは楽天銀行，Squareは三井住友銀行とみ

カードリーダー　左からSquare(米), PayPal Here, 楽天スマートペイ, Square (日)

ずほ銀行には翌日振り込みです。金融機関にとって有効な口座活性化策となっています。

> **コラム**
>
> ### mPOSを使ってみて
>
> 　筆者もスモールビジネスの決済にmPOSを使っています。
> 　釣り銭もいらず，翌月振込なのでとても便利です。
> 　ただし，領収書の発行に意外と手間取ります。それは，顧客のメールアドレスの入力に時間がかかるからです。
> 　プリンターもあるのですが，大きさや重さなどで携帯性には限界があります。そこで，やむを得ずコンパクトな手書き領収書で対応しています。
> 　アドレス登録によるメリットもありますが，この作業はまだアナログです。

第3章 スマートフォン決済の行方

4 モバイルPOS（mPOS）の高度化

　当初のmPOSは，スマホにカード決済機能を搭載しただけの単純なしくみをスモールビジネスや中小小売店に向けて提供したビジネスモデルでした。
　しかし，現在ではタブレット端末にバーコードリーダーやドロワー，プリンタを実装し，高度なアプリケーションと相まって，POSに置き換わる総合的な店舗インフラへと進化しています。

▶各種決済インターフェイスへの対応
　mPOSは，当初カード決済だけを広めてきたのですが，現在では百貨店など大型小売店のリモートPOSとして，中央レジスタを経由してストアコンピューターと無線で繋がっています。
　端末ケースにはバーコードスキャナーを搭載しており，カード情報だけではなくバックヤードのストアコンピューターと連動して，商品情報も処理できる高度な店舗端末へと進化を遂げています。
　従来は，カードを販売員が預かり，中央レジに運んで処理をしていた一連のカード決済を，顧客の目の前で完了させることで，スピーディな処理と安全性を明らかにし，顧客満足の向上に貢献しています。
　さらに，磁気カードだけではなく接触ICカードや非接触ICメディアなど，各種決済インターフェイスへの対応も進んでいます。
　右ページに米国高級百貨店での事例を掲載します。端末はiPhoneではなくiPod，カードリーダーはVeriFone「Payware Mobile e210」を使用しています。

百貨店のmPOS処理事例

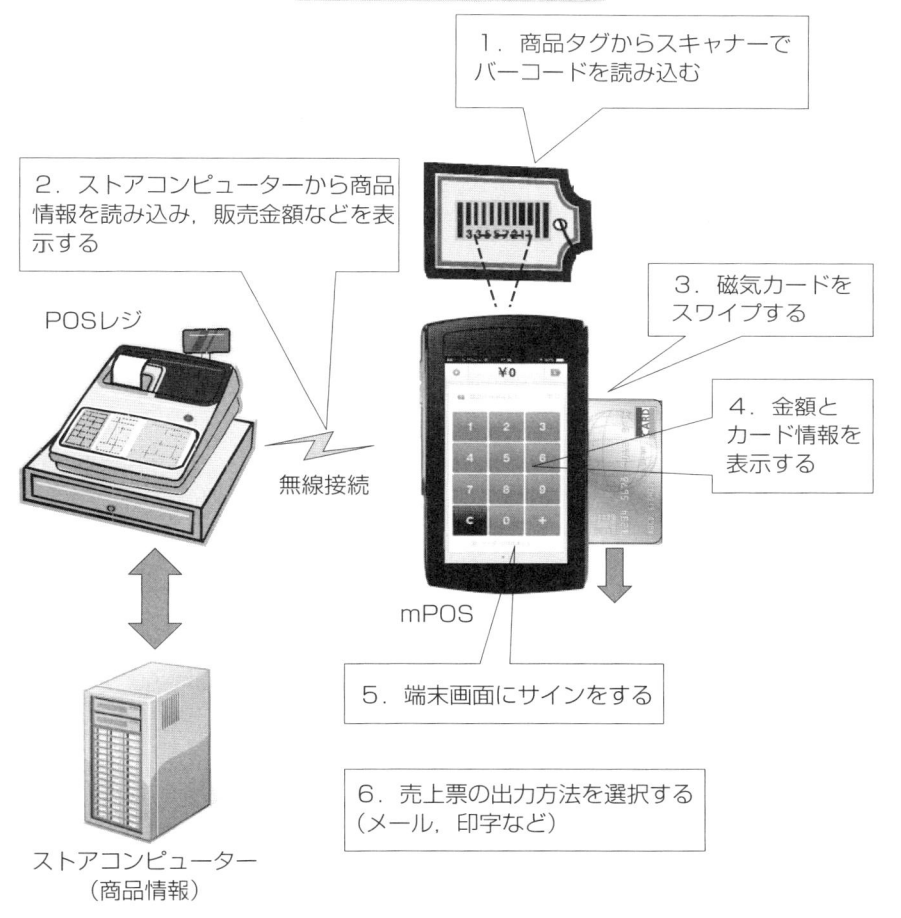

1．商品タグからスキャナーでバーコードを読み込む

2．ストアコンピューターから商品情報を読み込み，販売金額などを表示する

3．磁気カードをスワイプする

4．金額とカード情報を表示する

5．端末画面にサインをする

6．売上票の出力方法を選択する（メール，印字など）

POSレジ

無線接続

mPOS

ストアコンピューター
（商品情報）

5 モバイルPOS（mPOS）とマーケティング・マーチャンダイジング

▶初期のPOS

　初期のPOSは，ハードウェアやソフトウェアが特定メーカーに依存するプロプライエタリシステムで，その価格は数百万円もしました。アプリケーションの修正だけで数百万円，クレジットカード決済端末の導入にも十数万円が必要でした。

▶PC-POSの時代

　それがWindowsの採用により特定のメーカーに依存しないオープンシステムPOS（PC-POS）に進化し，価格は数十万円にまで低下しました。クレジットカード端末も5万円程度の製品が登場しました。

▶mPOSの登場と無料のカードリーダー

　そして，iPhoneに接続する無料のカードリーダー配布とカード決済アプリケーションの無料配布がはじまりました。
　その後，iPadなどタブレット端末をPOSに仕立てるスタンドが登場し，価格は300ドルを切っています。アプリケーションも小規模店用では無償，大規模店でも月間数百ドルにしか過ぎません。

▶mPOS+クラウドサービス

　POSの役割の中でカード決済は付加機能にしか過ぎません。
　POS本来の機能は2つあります。1つ目は販売，返品，税金など金銭授受と収納やレシート発行，販売登録やポイント処理などレジ機能を代表とした，「ショップフロント機能」，2つ目は出荷引き当てなど在庫管理や販売傾向分析，商品管理，発注登録，そして顧客管理や各種のレポーティングなどの「バックヤード機能」です。

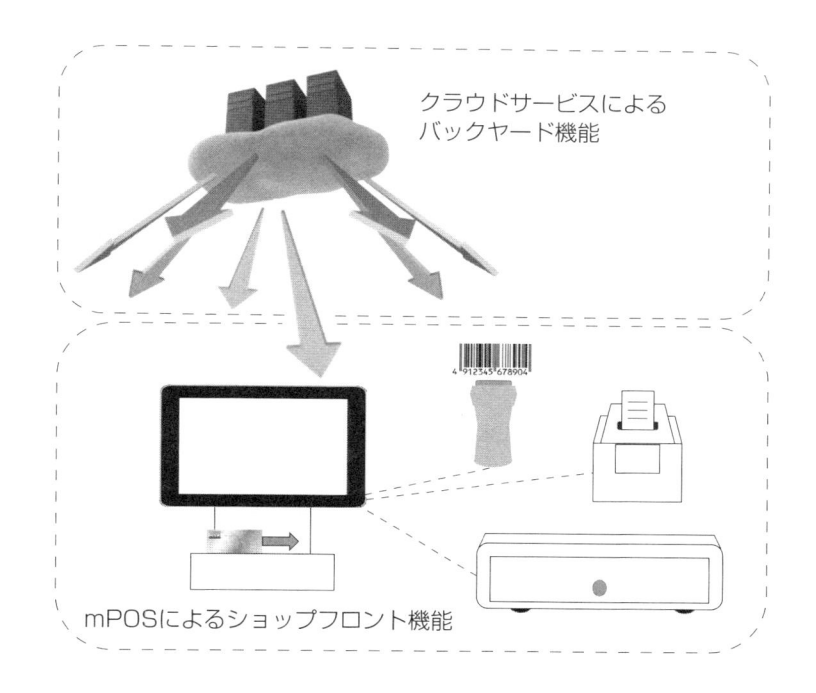

クラウドサービスによる
バックヤード機能

mPOSによるショップフロント機能

　カード決済というレジの周辺機能からスタートしたmPOSは，スマホ技術から派生したタブレット端末に，バーコード読み取り，キャッシュドロワ，プリンターなどを接続し，レジ機能を補完したことでショップフロント機能を実現し，クラウドサービスでバックヤード機能を実現しています。
　言い換えれば，mPOSは販売業務に必須となるマーケティングとマーチャンダイジングをサポートする機能を備えたことになります。

第3章 スマートフォン決済の行方

6 モバイル決済の特徴

　従来から決済メディアとして普及していたプラスチックカードや接触型ICカードが抱えていた課題を，一気に解決したのがスマートフォンなどモバイル端末です。

▶プラスチックカードの課題とモバイル機能
① 紛失，盗難時の悪用防止
② カード回収
　　携帯電話やスマートフォン（端末）は盗難紛失時に，基地局から通信により端末を無効化することができます。
③ アップデート
④ 有効期限
　　常に内蔵アプリケーションを最新の状態に維持することができます。
⑤ 複合機能
　　複数の決済アプリケーションを1台の端末に搭載可能，かつ追加や消去の際，他のアプリケーションに影響を与えません。そのほか，画面表示機能を使った残高や利用状況の確認と文字入力などがあります。
⑥ 契約行為と決済
　　しかし，最も重要な機能はカード会員のコミュニケーションを担保としていることでしょう。また，携帯電話の契約は本人確認や通話料など，決済に関する契約と密接なつながりがあります。また新興国ではプリペイド方式が主流です。

決済はモバイルと深い繋がりがある

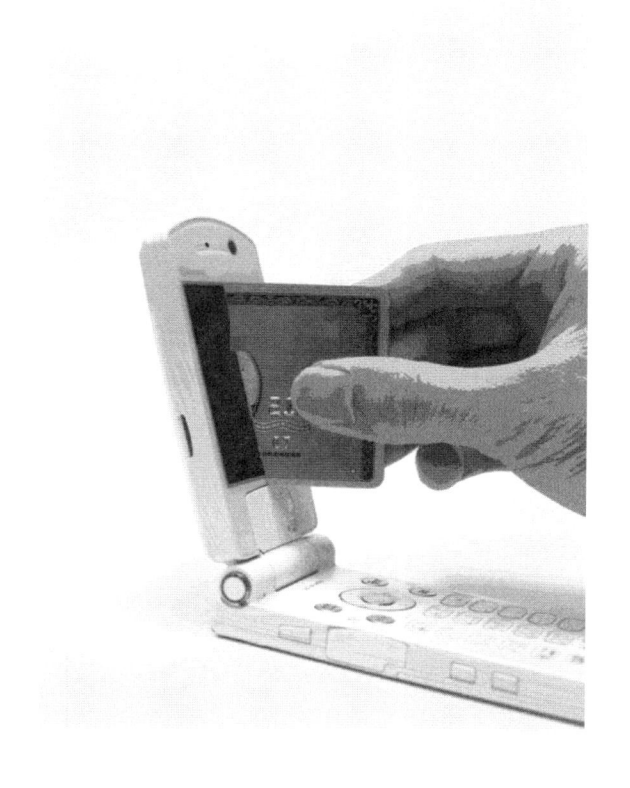

第3章 スマートフォン決済の行方

7 モバイル決済とイノベーション

　日本には，市場が一定規模以上に存在し，そこには世界で最も厳しいといわれる消費者が存在します。そして，携帯電話市場では過去に，厳しい競争環境に勝ち残るために，携帯キャリアから販売店に対して，販売奨励金が潤沢に出ていたという経済的環境がありました。

▶技術開発と市場拡大が継続的に起こった
　そして，市場の要求を大幅に取り入れた結果，機能面の向上が市場の拡大を呼び「通話機能を備えた決済機能付情報端末」として一気にその普及を遂げてきました。
　つまり，この時期のわが国の携帯電話における進歩こそ1962年スタンフォード大学のエベレット・M・ロジャース教授が著書"Diffusion of Innovations"（邦題『イノベーション普及学』産能大学出版部刊）で提唱した，普及途上の新製品，サービスである「イノベーション」の継続現象といえるでしょう。
　この「イノベーション理論」によれば，新しい商品の購入者が増加する様子を，時間の経過に従って描くと，ベル（釣鐘）型の曲線になるといいます。ロジャース教授はこの購入（採用）速度によって購入者を，
　①イノベーター＝革新的採用者（市場構成比以下同じ＝2.5％），
　②アーリー・アダプター＝初期少数採用者（13.5％），
　③アーリー・マジョリティ＝初期多数採用者（34％），
　④レイト・マジョリティ＝後期多数採用者（34％），
　⑤ラガード＝伝統主義者（または採用遅滞者）（16％）
の5つのタイプに分類しています。
　わが国の携帯電話市場はこのイノベーションが継続的に起こり，常に最新機能を備えた高機能端末への買い換えが進み，スマートフォン登場前に急速に普及を続けたのです。

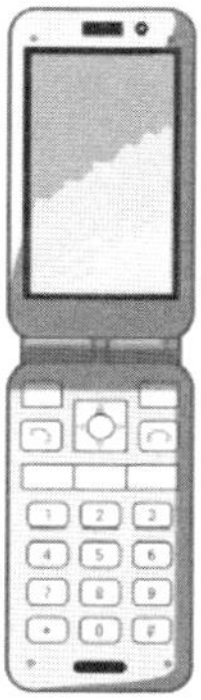

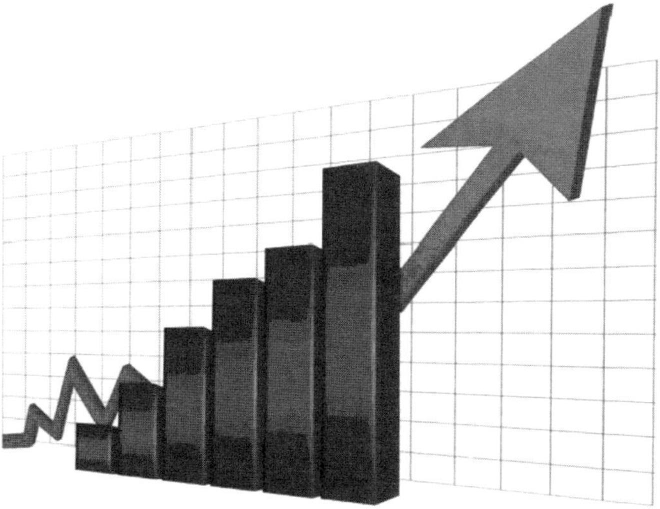

第3章 スマートフォン決済の行方

8 モバイル決済のしくみ

　わが国の非接触IC決済は，FeliCa基盤で動作します。また，国際ブランドが提唱する*Paypass*やpayWaveなどの非接触IC決済はISO14443 TypeA/B基盤です。そして，それぞれの上位規格としてNFCが制定されています。

　ドコモは2013年から，おサイフケータイの通信方式を「NFC」に対応するのに合わせ，「おサイフケータイ」のサービスアプリケーションをmini UIM（User Identity Module＝所有者特定）カード上に記録しています[10]。

▶モバイル決済は2つのICチップで

　少し詳しく解説しましょう。非接触IC決済をモバイルで利用するためには，通信のためのアンテナと電源，そしてICチップを搭載する必要があります。

　ICチップは，モバイル機器1台ごとにそれぞれ機能の異なる2種類のIC回路が搭載されて，それらが連携して動作します。

　その1つが非接触IC通信を制御する「RF（Radio Frequency）チップ」，もう1つは電子決済や乗車券などの各サービスアプリケーションを制御する「SE（Secure Elements）チップ」です。

　わが国の携帯電話はRFチップとSEチップの両方を携帯電話本体に内蔵していますが，ドコモの目指す方向は，2013年から，SEチップを端末変更時に取り外し可能なSIM（Subscriber Identitiy Module＝加入者特定）カード上に移します。

　一方，米国などでは，右図のとおり，電源をのぞくアンテナ，SEチップ，RFチップなどすべての機能を1枚のmicroSDカードで実現するDeviceFidelity社のIn2Payが登場しています。

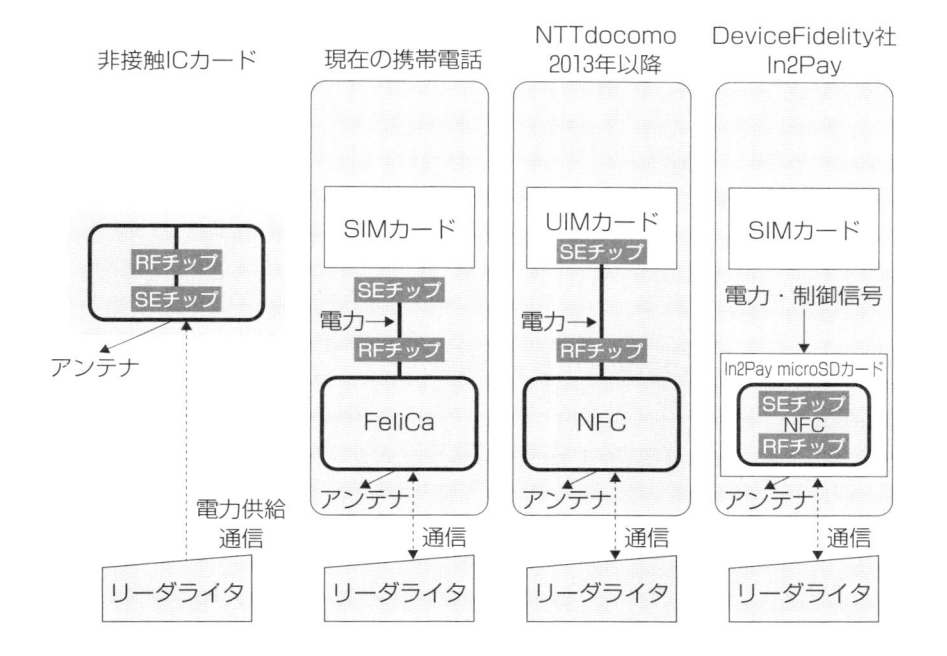

```
非接触ICカード    現在の携帯電話    NTTdocomo        DeviceFidelity社
                                  2013年以降        In2Pay

                  ┌──────────┐   ┌──────────┐    ┌──────────┐
                  │ SIMカード │   │ UIMカード │    │ SIMカード │
                  └──────────┘   │ SEチップ  │    └──────────┘
                       │         └──────────┘    電力・制御信号
                   SEチップ            │               │
  ┌────────┐       電力→                電力→         In2Pay microSDカード
  │RFチップ│       RFチップ             RFチップ         SEチップ
  │SEチップ│                                            NFC
  └────────┘       FeliCa              NFC              RFチップ

    アンテナ       アンテナ            アンテナ          アンテナ

   電力供給         通信               通信              通信
    通信
  リーダライタ    リーダライタ       リーダライタ      リーダライタ
```

コラム

世界に広がるモバイル決済

ここ数年，米国をはじめとする主要国の都市では，非接触決済の加盟店が増加しています。また，欧州ではフランス版「おサイフケータイ」の商用化試験Cityzi（シティジ）が順調に進んでいます（なお，CityziはCity + Easyのことではないかと言われています）。

Cityziのプロジェクトは，その後フランスの9つの都市（Paris, Rennes, Nantes, Lille, Marseille, Bordeaux, Caen, Strasbourg, Toulouse）で続けられ，その後は欧州全体に広がりつつあります。一見米国の非接触とは連携がないように見えますが，ほとんどのプロジェクトでは，VisaとMasterCardが参画しており，基本部分の仕様は統一されています。

第3章 スマートフォン決済の行方

9 普及期を迎えたモバイル決済

　2011年以降の動きで重要なことは，いよいよモバイルの非接触IC決済が普及する段階に突入したことです。

▶スマートフォンのおサイフケータイ化
　現在，iPhoneに代表されるスマートフォンは熾烈な開発競争を迎えており，アンドロイド端末などiPhone以外の陣営は，次々とNFCを搭載し非接触IC決済に対応してきました。
　そしてiPhoneのApple社が，次世代iPhoneにNFCを搭載すれば，世界中の携帯電話が決済機能を搭載することになります。

▶スマートフォンの決済端末化
　実は，Apple社はNFCを使うモバイルペイメント用のアプリケーション，「Transactions」という特許を取得しています。この技術を使えば，iPhoneが加盟店のカード決済端末になります。
　そして，独自のモバイルペイメントシステムを構築して，自前の決済ネットワークに接続することもできます。
　つまり，自らイシュア，アクアイヤラーとなり，リアル店舗のモバイル決済手数料ビジネスに参入することも可能です。
　また，米国で拡大している，国際ブランド非接触加盟店網MasterCardの*PayPass*やVisaの*payWave*を使う可能性もあるでしょう。

スマートフォンにNFCで決済端末に

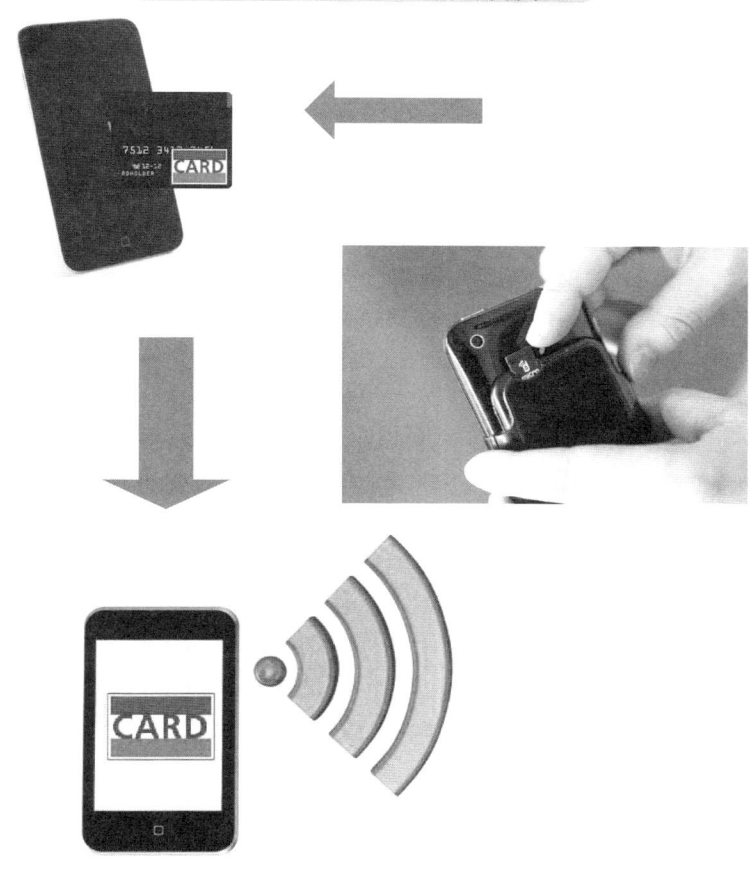

第3章 スマートフォン決済の行方

10 NFCで広がるモバイル端末の用途

　スマートフォンに決済機能が搭載されると用途が飛躍的に拡大する事は，ドコモの「おサイフケータイ」で実証されています。
　また，モルガンスタンレー社のアナリスト，Katy Huberty氏によれば，AppleのAppStoreを含むiTunesのアカウント数は5億に達すると言われており，それだけの数の決済カードがサーバー上に登録されています。そして，Apple社には「iTravel」というスマホベースアプリケーションの特許があります。
　このアプリケーションを使えば，次世代iPhoneが，航空券の購入，飛行機のチェックイン，レンタカーの借り出し，ホテルの予約などといった旅行端末として利用できるようになるでしょう。もちろん，予約ベースではiPhoneもしくはパソコン上のiTunes StoreやApp Storeからダウンロードしたアプリケーションを使うことになります。旅行に必携となっているタブレットも不要になるでしょう。

▶**プラスチックカードからスマートフォンへ**
　すでに，わが国で2004年に実現された非接触IC「おサイフケータイ」ですが，米国そして世界でも，決済カード情報をプラスチックカードからサーバーに収納する時代が来ています。米国ではモバイル決済の採用が日本などと比べて遅れていますが，スマートフォンが急速に普及していることに加え，新世代のPOS端末が導入済みの加盟店が増えていることも，モバイル決済の普及を加速させるでしょう。

MasterCardプレゼンテーション2013

Tapping Future Success
PayPass & MasterPass

> **コラム**
>
> **便利なiPhoneの機種入れ替え**
>
> 　筆者は，ドコモのNFCスマホとiPhoneの2台を所有しています。
> 　スマホには，エアライン2社，Suica，iD3社，Edy，流通系電子マネー，クレジットカード系電子マネーが入っています。
> 　首都圏での生活から出張まで，スマホさえあればサイフをバッグから出す必要がないほどですが，機種を交換するたびに電子マネーの種類が減っています。理由は機種変更の際の電子マネーの移行に手間取るからです。
> 　スマホの機種変更も徐々に簡単になってきていますが，機種変更の際のアプリケーションの移行についてはiPhoneの簡単さは秀でています。
> 　2011年6月から，フランスのニースで商用化試験が行われているフランス版おサイフケータイサービス「Cityzi＝シチジ」では，端末にスマートフォンを使用しますが，機種変更のアプリケーション移行については，iPhoneなみの簡便さを意識したシステムとしています。

第3章 スマートフォン決済の行方

11 モバイル決済の普及予測

▶米国でのモバイルバンキング

　現在，米国ではコンシューマの間ではモバイルバンキング（残高照会，振り込みなど）が浸透し始めています。

　調査会社Mercatusの調査によれば[11]，2015年には米国消費者の半数以上，18〜34歳では80％がモバイル決済サービスを利用していると予測されています。同社は，人々の生活はあらゆる方面で今後よりいっそう携帯電話に依存するようになると予測されるため，モバイル決済サービスも必然的に，急速かつ広範囲に採用されるようになるだろうとしています。

▶モバイルバンキングの対抗馬

　ブルームバーグによれば，銀行以外でも，Verizon Wireless，AT&T，T-Mobileの通信キャリア3社がDiscover Financial Servicesと英Barclays Bankと共同でモバイルペイメントシステムの構築を行っています[12]。

　アトランタなどの実証試験では，ドコモと同様なおサイフケータイサービスを展開するようです。

　モバイル通信キャリアは回線契約者の携帯電話番号や決済銀行口座番号やクレジットカード番号を把握しており，携帯電話の急速な普及が続く新興国では，今後の展開において国際ブランドを持つクレジットカード会社より有利とも見られています。

　すでに大規模な月々の請求や支払処理も行っていますので，決済分野へは，全くの新規参入の企業というわけではありません。

米国モバイルバンキング年代別普及予測[13]

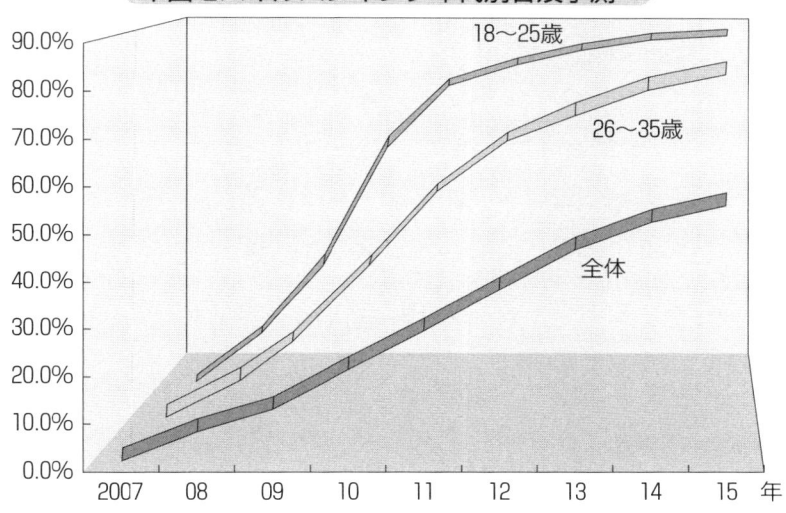

出典：Mercatus

> **コラム**
>
> ### モバイルペイメントの特徴
>
> 　ICカードの主な導入目的は，偽造贋造対策，オフライン処理，多用途の3つといってもいいでしょう。この内の多用途については，高価格であったICカードを，複数の企業や団体で共同利用することでコスト分散を図ろうというものでした。
> 　しかし，現実には有効期限や紛失再発行，アプリケーションのアップグレードや新規登録時にカード回収と発行に関わる課題が解決できず「一番便利」なはずが「一番不便」な状態に陥る結果になったようです。
> 　この点，モバイル機器への追加アプリ搭載やアップグレードは非常に簡単であり，機器の回収も必要ありません。世界中でモバイルの多機能化が進展し，わが国の「おサイフケータイ」を追い上げています。
> 　筆者は，プリペイド電子マネー，クレジット系電子マネー，乗車券，マイレージから，メール，スケジュールに至るまで，すべて1台の携帯電話に搭載しています。
> 　いわば深刻な「携帯依存症」状態で，紛失防止のためにストラップがベルトに結びついています。いっそのこと腕時計決済になればいいのですが…。
> 　次の5年に期待しましょう。

第3章 スマートフォン決済の行方

12 スマートフォンが変える加盟店端末

　スマートフォンは「おサイフケータイ」など，決済カードの代替だけではなく，カードリーダーを取り付け，決済用のアプリケーションをダウンロードすれば加盟店のカード決済端末になります。

　代表的なしくみとして2009年末に発表された，米国ベンチャーのSquareがあります。

▶Squareの衝撃

　Squareは，ツイッター（Twitter）の創業者が新規事業として開始したサービスです。非クレジットカード業界からの参入組らしく大胆な構想を持っています。それは，ごく小型の磁気カードリーダーをiPhoneなどスマートフォンのイヤホン／マイクジャックに差し込んで，磁気カードリーダーとして使用することです。

　この磁気カードリーダーは無料で配布され，通信と決済に必要なアプリケーションは，iPhoneの場合，App Storeからダウンロードして使用します。つまり，無料のカードリーダーとアプリケーション，そしてiPhoneを組み合わせ，回線上のアクアイヤラーへ送信しカード決済を完了するスキームです。

　最大の特徴は，アクアイヤラーへの加盟契約を必要としない点でしょう。彼らがこのスキームで解決する課題の1つが，カード加盟店加入に関する煩わしさからの解放だからです。ただし，導入当初では決済できる金額の上限は1回60ドル，1日100ドルで1週間までとなっています。

　また，サインはモバイルの画面上で行い，利用明細はメールで届きます。

SquareのカードリーダーとiPhone

> コラム

海外中小商店に広がるモバイルカード端末

　路上のサンドイッチ屋台，ヨーロッパのマルシェ（あおぞら市場）で各種のカードで少額の決済が可能になってきています。欧州では，導入を促進するためにカード端末の週間単位のレンタル制度もあります。
　カードは小銭や小切手の代替手段であり，その拡大は社会のキャッシュハンドリングコストを大幅にひきさげます。

13 スマートフォン端末の特徴

▶スマートフォン決済の可能性

　将来に向けた課題も多いのですが，スマートフォンなど新しい通信デバイスの特徴は高速通信の利用にあります。スマートフォンを使ったカード決済端末は，会員の顔写真や加盟店の地図表示など，従来の決済専用の回線速度では実現できない機能を備えています。

　たとえば，GPS機能を使用して端末の移動を制限するなど，新しい機能を最大限駆使して不正使用をコントロールすることも可能でしょう。

　しかし，なによりも重要なことは，カード端末の本体部分にスマートフォンを採用することにより，カード加盟店への新規加入ハードルを下げていることでしょう。

　ペイメントカードの競争相手はキャッシュやチェック（小切手）です。日常の低単価ショッピングにペイメントカード利用を拡大するには，クレジットカードに加え，国際ブランドプリペイドや非接触ICポストペイなど新しい決済スキームの投入とともに，加盟店開拓が欠かせません。

　スマートフォンとデバイスによるmPOSは，閉塞したカード事業にブレイクスルーをもたらします。

▶米国の少額決済マーケット

　米国で買物をすると州によって買物税（sales tax）が異なります。しかも小数点以下2桁という細かい税率もあるので，クオーター（20セント貨）やダイム（10セント貨），ニッケル（5セント貨），ペニー（1セント貨）といったコインが財布の中を占領することになります。しかもチップの習慣まであります。

　クレジットカード決済の場合チップも含めて決済できるため，少額でのカード決済ニーズはもともと高いといえるでしょう。

少額決済マーケット

> **コラム**
>
> **パリの青空市場ではカードが使えます**
>
> 　上の写真は，サンジェルマンデプレのマルシェ（青空市場）です。店頭にVisaやMasterCardのステッカーはありませんが，店主の手元にはICカードにも対応する小型のモバイル決済端末がありました。使えるカードはカルテブルー，VisaやMasterCardですがとりあえず差し込んで決済できればOKというおおらかさです。端末はフランス製で携帯電話の使える場所ならどこでも使用できます。

第3章 スマートフォン決済の行方

14 スマートフォン加盟店への申し込み
：米国Squareの事例

　それでは、実際に米国Squareの加盟店になってみましょう。わが国とは異なり社会保障番号（SNS）による本人確認など、合理化されています。

▶アプリケーションのダウンロードから仮登録まで
　まず、米国App Storeのファイナンスカテゴリーから iPhoneに無料のアプリをダウンロードします。
　初期画面には製品の特徴と手数料、登録料体系が表示されます。
　"There are no activation, gateway, monthly, early termination, or hidden fees."（意訳：簡単な登録、別途費用は一切かかりません）と表示されます。利用手数料は、決済金額に対して、2.75％＋15￠ for swiped transactions（リーダーで読み取りの場合）、3.5％＋15￠ for keyed-in transactions（アプリにカード番号などを手入力した場合）、となっています。また、決済された金額の加盟店への振込は当日です。
　iPhoneで簡単な登録（ID、パスワード、メールアドレスなどの設定）を済ますと Squareから登録者に正規登録のメールが着信（登録サイトへのリンク）します。
　パソコンから登録サイトにログインして詳細な登録（名前、住所、電話番号、銀行口座の情報、SSN（Social Security number＝社会保障番号）や生年月日といった本人確認のための情報、リーダーの送り先、など）を行います（右頁参照）。
　その後、登録銀行の決済口座にSquareより銀行口座の確認のための少額（19セントと6セントの2回）送金があります。この少額入金はPayPalでも同様の処理があります。この時点ではリーダーはまだ届いていません。

App Storeからアプリをダウンロード

iPhoneからのSquare仮登録

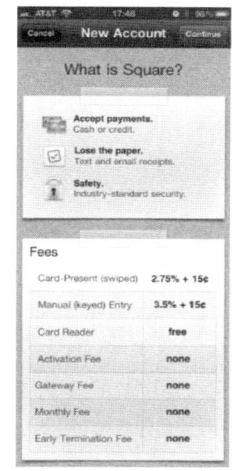

製品特徴と手数料 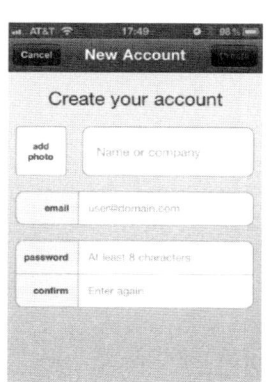　　　アカウント作成 　　　仮登録完了

第3章 スマートフォン決済の行方

15 スマートフォン加盟店の本登録
：米国Squareの事例

1．到着したメールから，本登録用のウェブサイトに接続します。
　　パソコンで「Square」から送付されるメールを受信します。「ようこそSquareへ，カード加盟店となるための登録と，無料のカードリーダーを入手するには下記のリンクへ。仮登録時のメールアドレスとパスワードで認証されます。」(1.Mail)．
2．メールのリンクでブラウザが起動し認証を行う（2.SignIn）。
3．住所氏名などアカウント詳細情報を入力（3.RegistrationEntry）し個人確認情報を入力する（Confirm your identity）。
　　そして，入力した社会保障番号を元に（と思われる）個人しか知りえない情報が表示された項目を選択する。（入力していないオフィスの住所や，携帯番号の一部が表示されます）
4．そして，承認処理 → その完了状況が画面で表示されます（4.RegistrationComplete）。
5．続いて売上金額が入金される銀行アカウントの情報（金融機関，支店，口座番号など）を登録します（5.BankAccountEntry）。
6．銀行アカウント登録処理→その完了画面が表示されます（6.BankAccountComplete）。
わずか5分程度で本登録が完了します。

1. Mail

2. SignIn

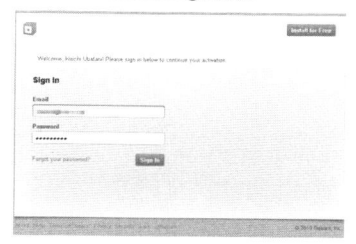

3. RegistrationEntry

4. RegistrationComplete

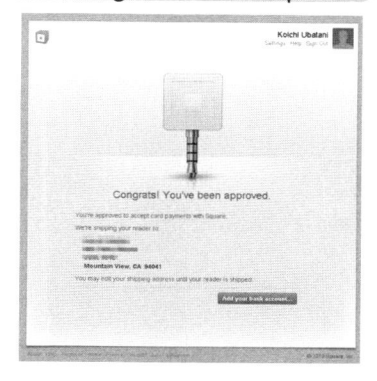

5. BankAccountEntry

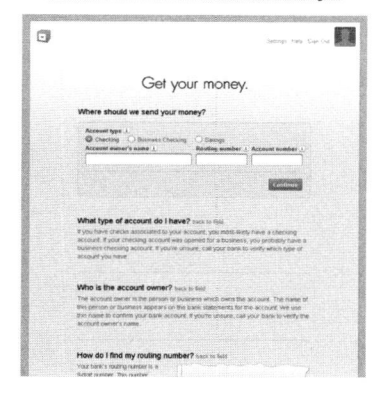

6. BankAccountComplete

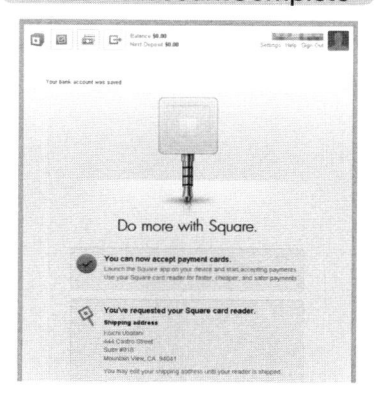

第3章 スマートフォン決済の行方

16 スマートフォンの カードリーダー ：米国Squareの事例

▶端末の到着

　ネットから申し込みの手続きをすると，1週間ほどで磁気カードリーダーが送られてきます。

　紙の封筒に，カードリーダーは小さな発砲スチロールの梱包材に入っており，入会の挨拶と手順を示した紙片が入っているという簡単なものです。

　大きさは2cm×2cm×1cm以下のキャラメル粒程度のプラスチックの筐体にイヤホンプラグが付いています。電源はイヤホンジャックから得ています。

　PCIDSSに準拠しており，カード番号や有効期限などの信用情報に関する情報は，いっさい端末側には残らないとのことです。

　不正利用対策には，1回の決済金額と1日1週間の決済金額に制限を設けています。

　驚くことに，VisaやMasterCard という名だたる国際ブランドのカードが使用できます。

　国際ブランドに確認をいれましたが，その時点ではブランド基準には適合していないとの回答を得ました。実施会社が代表加盟店でアクアイヤラーはその後ろにいるのでしょう。

　現在では，iPadやAndroidにも対応しています。

169

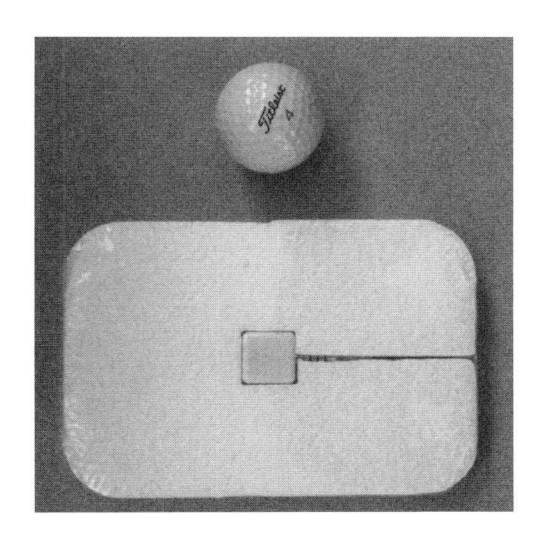

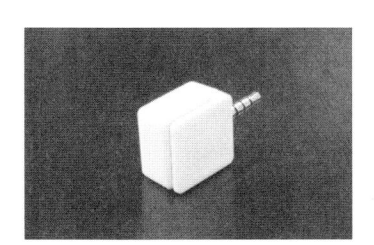

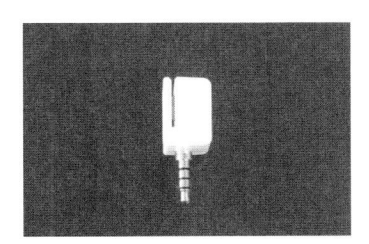

第3章 スマートフォン決済の行方

17 スマートフォンでカードを決済する 1
：米国Squareの事例

▶カードリーダーをiPhoneにセット

「Square」＋iPhoneでクレジットカードを使ってみました。

iPhoneで2ドルを決済するために，2.00をキー入力しリーダーをセットしカードリーダーでスワイプします（1．金額入力画面）。

カードリーダーでクレジットカードをスワイプするとオーソライズ画面が起動します（2．オーソライズ）。オーソライズが完了するとサインを要求されます（3．サイン画面）。指でiPhone画面に直接サインをします。なかなか上手く認識されませんがそのままContinueします。iPhone画面サインとサーバーとの間で本人確認するのではなく，決済金額をカードホルダーが認めたという意味です。レシート（receipt）が必要かを聞いてきます。

カードホルダーがiPhone所持者であれば，加盟店側のiPhoneと軽く接触するだけでメールアドレスが交換されます。

そして2ドルが支払われた旨完了画面に表示されました（4．決済完了画面参照）。

▶パソコンでの表示

サインインするとステートメント表示されており，顧客から2ドルが支払われたことが表示されます（Statement），そして顧客側には売上を表示するメールが届いています（Mail）。

そのメールのURLでブラウザ起動すると，レシートが表示されます（5．Receipt）。

加盟店側には手数料が引かれた額がバランスに表示され（1.79ドル），加盟店として利用した場所の地図が表示されます。地図の地点情報はiPhoneのGPS情報からと思われます。

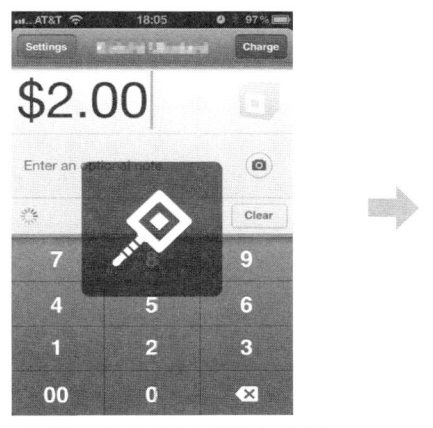

1．加盟店はアプリを起動し金額を入力しカードをスワイプ。

2．オーソライズが始まりました。

3．iPhone画面にサインします。

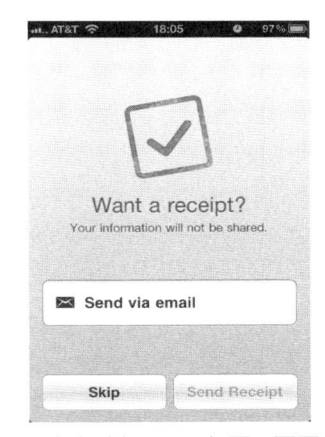

4．決済が完了し，伝票の要否を聞かれます。

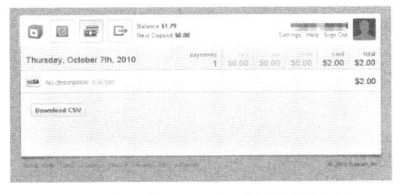

5．メールでレシートが送られて来ます。

171

第3章 スマートフォン決済の行方

18 スマートフォンでカードを決済する 2：米国Squareの事例

　米国Square社が開発したスマートフォン決済ビジネスモデルは，世界中で広がりを見せています。わが国でも　PayPal Here（ソフトバンク系）をはじめ，楽天スマートペイ（楽天系），そしてSquare（三井住友カード＋Square）など10社が参入を果たしています。

▶わが国の特徴とスマホ決済の課題

　わが国のカード決済の特徴は，分割払いなど多様な支払方法を持つことと，Suica，Edyなど非接触ICプリペイドなど多種類のインターフェイスを持つことです。

　しかし，わが国で実施されているPaypal Here，楽天スマートペイ，Squareの特徴は，そのような多用性ではなく，支払方法も1回払いに絞り込んだビジネスモデルのシンプルさにあります。

　このビジネスモデルの狙いは，約190万といわれる個人事業主や中小企業のスモールビジネスマーケットの開拓，つまりカード決済の市場規模拡大にあります。したがって，加盟店への支払いサイクルも，加盟店のキャッシュフロー改善の要望を反映した，即日もしくは翌営業日振込が可能となっています。

▶加盟店の不正利用防止策が必要

　わが国では割賦販売法により加盟店開拓には厳重な審査が必要です。

　これは従来のクレジットカード決済が比較的高額で，不良加盟店が関係した不正利用が後を絶たなかったからです。

　これからは，1回払いというシンプルな支払方式と，1回，1日，1週間，1カ月単位の「期間別加盟店限度額」の設定や，GPSを利用した利用場所制限などを組み合わせた，新しい不正防止のしくみが必要でしょう。

　導入コストや手間の削減は，個人事業主や中小企業へカード決済の導入を促

Square（日本版）のiPad決済画面

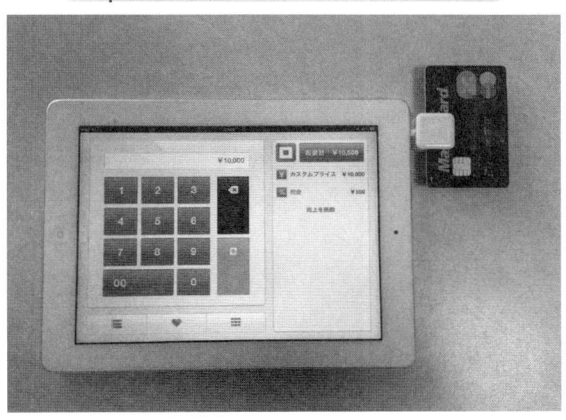

進し，カード決済シェア増大によるキャッシュハンドリングコストの低減，そしてマネーロンダリング対策につながることが期待されます。

▶ICカードへの対応

2015年のライアビリティシフト開始により，わが国でも磁気カードからICカードへの移行が加速し，スマートフォン決済もICカード対応が必要になります。これらは欧州ではすでに実現しています。

▶地域活性化とカード端末

現在，地方では地元商工会や行政が主導する「街おこし，村おこし」事業が盛んに実施されていますが，その多くがイベント主体で継続性がありません。

本来，経済活性化には金融決済機能が必要ですが，現状では地域紙幣やクーポン券程度しかありません。これは，金融決済機能を持った各種カードを決済する端末が非常に高価だからです。

スマホ端末は，行政が発行する各種補助金のカード化（例：米国EBTカード）と組み合わせることにより，地域の決済環境を大きく飛躍させる可能性を持っています。

第3章 スマートフォン決済の行方

19 高度化するスマホ決済

　スマホに専用アプリと磁気カードリーダーを搭載しスタートしたビジネスモデルは，わずか数年で劇的に進化しました。
　米国のSquareとPayPalは，スマホのジオフェンシング（消費者と加盟店の位置情報）機能を利用したプロモーションビジネスに参入しています。

▶スマホウォレットとタブレットレジスタが提供するRecommend（お薦め）＋「顔パス」ショッピング

　それは，カードユーザー（消費者）の決済カード情報とユーザーの顔写真，そしてスマホ情報をスマホ決済事業者のサーバーに登録するところから始まります。
　おなじく，加盟店の位置情報も事前に登録されています。
　したがって，加盟店からのクーポンなど各種特典を，店舗近くのユーザーに配信することが可能です。また，ユーザーの属性や行動情報をビッグデータ分析して，マーケティングの対象となる消費者を抽出し，プロモーション活動に結びつけることができます。

1. 対象となるユーザーのスマホにレコメンドし，クーポンや地図情報などをユーザーのスマホに提供，店舗に誘致します。
2. ユーザーは，店舗案内にチェックインします。
3. チェックインしたユーザーの情報（顔写真と氏名など）が事前に加盟店宛配信されます。
4. 来店したユーザーは，商品を選択しレジに向かいます。
5. 加盟店担当者はタブレットレジの表示される顔写真でユーザー本人であることを確認し，登録されているカード情報で決済を完了します。
6. 加盟店手数料とプロモーション手数料が加盟店からスマホ決済事業者に支払われます。

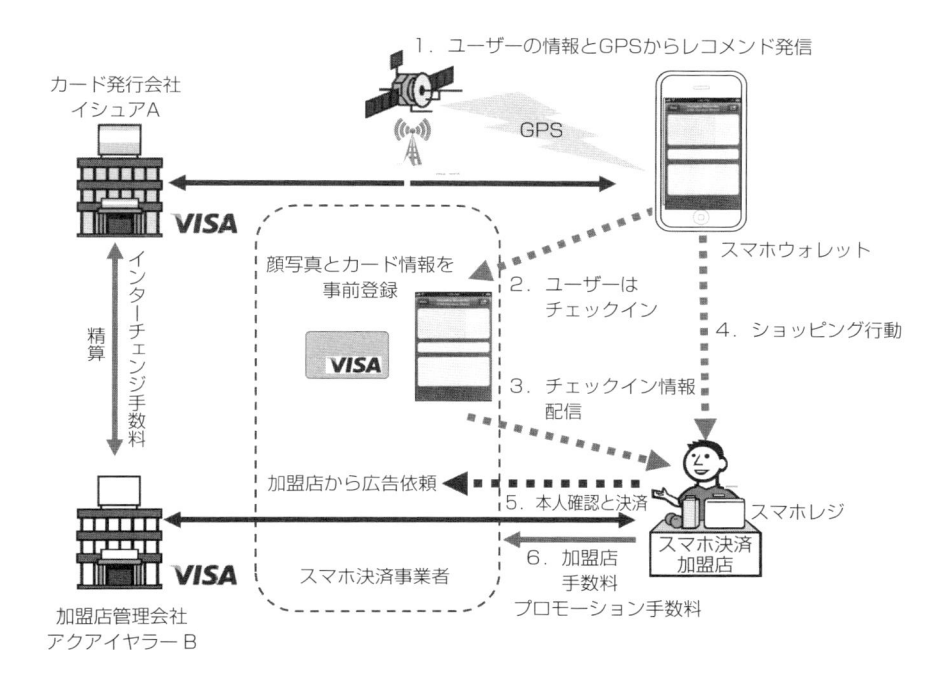

ここでは，決済シーンにカードやNFCスマホは登場しません。商品選択の際にタグのバーコードを読み取れば，レジの情報に反映されます。

また，SquareはTwitterの創業者が立ち上げたビジネスモデルです。顧客の抽出にあたっては過去のショッピング情報やTwitterなどSNSからのデータも反映すれば精度がより高まります。

第3章 スマートフォン決済の行方

20 Bluetoothと指紋認証がショッピングを変える

▶Bluetoothが実現する「Beacon」顔パスショッピング

スマホ決済は，磁気カードのスワイプも非接触ICのタップも，サインも，PIN入力も必要ない時代に突入しています。

スマホが搭載する，無線通信インターフェイスとその通信距離は以下が目安です。

1．NFC（Near field communication＝近接場通信）：数cm～1m
2．Bluetooth「Beacon」：10～100m
3．WiFi：複数アクセスポイントで数km

この中で，NFCは通信距離が短いことから，ユーザーが自らの意図を持って操作することが必要です。

一方，Bluetoothは10～100mという店舗に最適な通信エリアを持ち，店舗に入れば，常時接続した状態を維持します。

つまり，Bluetoothは，GPSのジオフェンシングなどのクーポンプロモーションで来店したユーザーを入り口で自動認識し，店舗レジに表示することが可能であり，ユーザーの顔を見て名前で呼びかけ，決済することもできるのです。

▶指紋認証で決済

ユーザーは店舗内に配置されたBluetooth発信タグで商品の情報を受け取りながら，購入する商品をスマホでタップするか商品のバーコードをスキャンして購入の意思表示をすることができます。

店舗はユーザーの購入情報をまとめて，店舗を出るときに商品を渡したり，あとで配達することもできます。

この場合，ユーザーによる購入時や精算時の確実な認証が必要になります。

購入毎の決済認証や，最終の購入確認の認証には「指紋認証」が便利で確実

です。今後スマホには指紋認証機能が次々と搭載されるでしょう。
　もちろん決済はサーバーに登録されたカードで処理することになります。
　レジに並ぶ必要も，支払でサインやPIN入力，そして非接触ICをタップすることもありません。
1．ユーザーの購入履歴や行動情報からビッグデータ分析をしてクーポンなどでプロモーションを行う。
2．GPSなど位置情報でクーポンの配信や通知で，店舗への誘致などO2O（Online To Offline=ネットからリアル店舗）を展開。
3．Bluetoothとバーコード，そして指紋認証で購入と決済。
　スマホを活用した，新しいショッピングの時代が到来しているのです。

コラム

取材旅行とカードとインターネット

　本書の執筆に際しては，北米と欧州に約半月滞在しての取材となりました。当然，デビットカード，プリペイドカード，クレジットカードが活躍しますが，困った問題にも遭遇します。

　広域を1つのテーマを持って旅行する場合には，大きな荷物を持って，転々と移動するよりも，1カ所に拠点を据え，そこをハブとして各地に日帰りもしくは1泊程度で行き来する方法が効率的です。

　それを可能にするのが，ローコストキャリア（Low-Cost Carrier）つまり格安航空会社の存在です。欧州ですとアイルランド国籍のライアンエアー（Ryanair）や英国のイージージェット（easyJet）があります。たとえば，パリを基点としてスペインは3,196円，ベルリン4,452円，ロンドン4,164円にしか過ぎません。

　これらは，すべてインターネットで予約を入れます。また，エッフェル塔の事前予約パスやオペラ座の講演チケットなど，観光の現地予約にもネットは欠かせません。

　しかし，国際ブランドのアクセプタンス（加盟）マークをネット予約サイトで表示していても，使えないカード会社が出てきています。使えるはずのブランドを持っていても予約の決済段階で拒否されてしまうのです。

　これは，カード発行会社ごとの方針によりますが，旅行とインターネットと決済カードにも新しい問題が出てきています。カードにも，ネットに強いカードとそうでないカードがあるのです。

第4章

カードと
マーケティング

♦

　この章では，カードビジネスにおけるカードのマーケティング戦略，およびマーケティングにおけるカードやクレジットなど，支払方法の役割をあきらかにします。具体的には，競争優位にたつため，他社との差別化を実現する手段について述べます。

第4章 カードとマーケティング

1 カードビジネスにおけるマーケティング活動

　マーケティング戦略は，自社あるいは所有するブランドが，競合他社や競合ブランドに対して戦略上，圧倒的優位を保つために必要不可欠なものです。もしも，自社のカードサービスが競合カードと横並びであれば，それは自社のマーケティング戦略が欠如しており，カード市場では勝ち残れないということを意味します。

▶コトラーのマーケティングミックス

　アメリカ合衆国の経済学者フィリップ・コトラー（Philip Kotler）は一連の著作のなかで「戦略は，特徴的で首尾一貫した価値提案をくみ上げ，標的市場に送り届ける際に用いる接着剤のようなものである」と言っています。つまりカードのマーケティング戦略とは，自社のカード機能やカードサービスが実現する，顧客の抱える課題に対する解決力を提案し，「接着」する手段のことです。そして，マーケティング担当者の使命とは，次項のマーケティングミックスによって，さまざまなカード戦略を効果的に組み合わせ，標的市場に存在する顧客からの指示を取り付けることにあります。

▶マッカーシーのマーケティングミックス「4P」

　1961年にアメリカのマーケティング学者，ジェローム・マッカーシー（Jerome McCarthy）はマーケティングミックスとして「4P」を提唱しました。それは，Product（製品戦略），Price（価格戦略），Place（流通戦略），Promotion（販促戦略）です。
　また，カードの長期的なブランディングを考慮した場合，単に効果的なマーケティングミックスを考えるだけでなく，マーケティング戦略とカードブランドの長期にわたるイメージを損なわない形で，さまざまな施策の組み合わせを考えなくてはなりません。

マーケティングミックスの視点

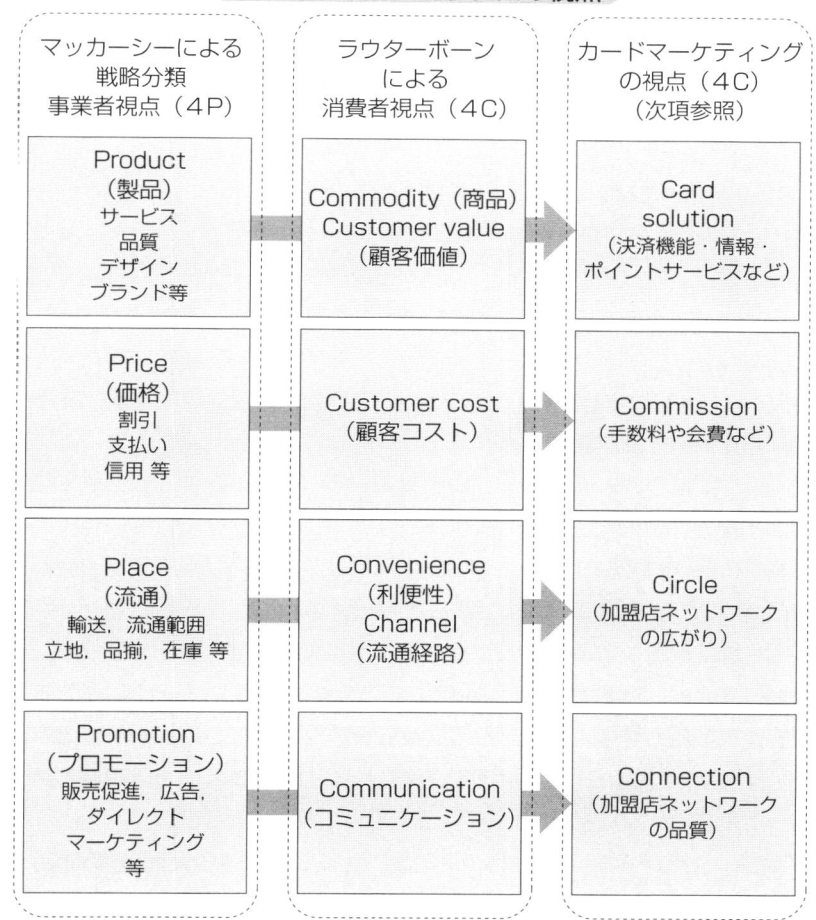

マッカーシーによる戦略分類 事業者視点（4P）	ラウターボーンによる消費者視点（4C）	カードマーケティングの視点（4C）（次項参照）
Product（製品）サービス 品質 デザイン ブランド等	Commodity（商品）Customer value（顧客価値）	Card solution（決済機能・情報・ポイントサービスなど）
Price（価格）割引 支払い 信用等	Customer cost（顧客コスト）	Commission（手数料や会費など）
Place（流通）輸送，流通範囲 立地，品揃，在庫等	Convenience（利便性）Channel（流通経路）	Circle（加盟店ネットワークの広がり）
Promotion（プロモーション）販売促進，広告，ダイレクトマーケティング等	Communication（コミュニケーション）	Connection（加盟店ネットワークの品質）

　一方，アメリカのマーケティング学者ロバート・ラウターボーン（Robert F. Lauterborn）は，顧客視点からマーケティングを捉え，4Cの概念を提唱しています。

　それは顧客価値（Customer value），顧客コスト（Customer cost），利便性（Convenience），コミュニケーション（Communication）のことです。

　この4Cを十分検討したうえで4Pを構築することが重要と提唱しています。

2 カードビジネスにおけるマーケティングミックス

▶ラウターボーンの4Cとカードマーケティング

　ロバート・ラウターボーンの4Cは，顧客からの視点でマーケティング活動を解析します。マッカーシーの「4P」とラウターボーンの「4C」に，カードマーケティングの視点を入れ新たに「4C」であらわすと次のようになるでしょう。

- ●製品（Product）：顧客価値（Customer value）＝顧客は製品を購入するのではなく，価値や課題に対する解決策を購入しているとみます。カードマーケティングでは（Card solution）つまりカードの課題解決能力であり，具体的には各種の決済機能や情報やポイントなどのサービス機能です。
- ●価格（Price）：顧客コスト（Customer cost）＝顧客は製品の獲得，使用，間接費用まで全体のコストに関心を持っているとみます。カードでは，（Commission）つまり手数料や会費，入会に関わる費用などです。
- ●流通（Place）：利便性（Convenience）＝顧客は製品やサービスができる限り簡便に利用できることを望んでいるとみます。カードではカードの申し込みの簡便さや，カードが利用できる範囲（Circle）つまり加盟店などネットワークです。
- ●プロモーション（Promotion）：コミュニケーション（Communication）＝顧客はカード会社や加盟店も含む，三方向の情報交流を望んでいるとみます。それをカードによる価値（Connection）接続と呼びます。

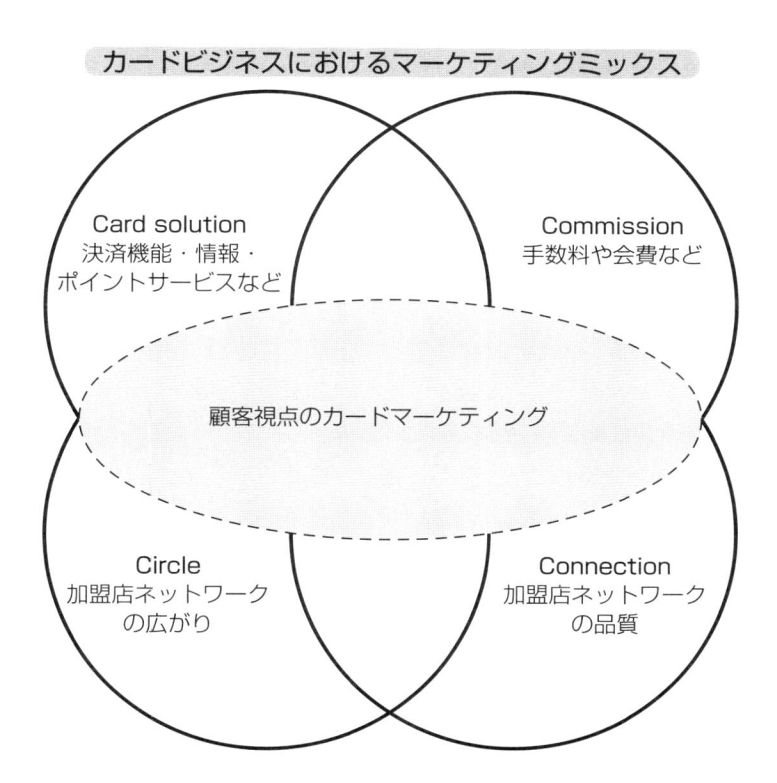

カードビジネスにおけるマーケティングミックス

- Card solution
  決済機能・情報・ポイントサービスなど
- Commission
  手数料や会費など
- Circle
  加盟店ネットワークの広がり
- Connection
  加盟店ネットワークの品質

顧客視点のカードマーケティング

　カードのマーケティング戦略を立案する際には，自社が提供するカードの機能と市場の要求について把握，分析が必要です。そして，マーケットの動きや自社の試行結果の分析から，各種の仮説を導き出すことが必要です。その仮説に立つことによって，はじめて最適なカードマーケティング戦略（Card solution，Commission，Circle，Connection）が立案できるのです。

3 消費者はカードを欲しがらない?!

　カードビジネスにあたり，事業者からよく出てくる言葉が「即時発券」です。文字通りその場ですぐにカードをお渡しすることなのですが，大事なことは消費者はカードを欲しがっているのではないということです。

▶カードの持つ「機能」を欲しがっている

　ポイントカードであれば，その買い物で発生するポイント価値が欲しいのであり，クレジットカードであればクレジットで手に入れる商品が欲しいのです。
　つまり，カードは消費者がその目的を達成する手段であって「カードそのもの」が欲しいわけではありません。
　したがって，カードに文字を刻印する「エンボッサー」，磁気テープなどに情報を書き込む「エンコーダー」など，高価なカード発行機器を窓口に置く必要は，特殊な事例を除いてないでしょう。

▶クレジットカードの場合

　即時発券機能は，急に海外旅行に出かける時や，海外でカードの盗難紛失に対する再発行には必要です。
　一方，与信が必要なクレジットカードを急に必要とする場合とは，高額商品のクレジット払いやポイント付与です。つまり，早急に与信を済ませて，商品をお渡しすることが最優先です。
　この場合，クレジットで購入したい商品の価格が3万円の時，総与信額数10万円の本カード与信のために時間を掛ける必要はありません。
　まず，3万円の与信を済ませてカード番号だけを発行するか，限度額の低いハウスカードを発行し，本カードは審査に時間を掛けて後日郵送で構いません。消費者はカードそのものが目的なのではありません。

①仮カードとして
即時発行

仮カード付入会申込書

申込書・カードID・会員マスターは
同一コードでリンク

③'ハウスクレジット
機能追加

②

事前登録 一次登録 審査 二次登録

口座振替

会員マスタ

発行

会員管理機能

③"本カード発行

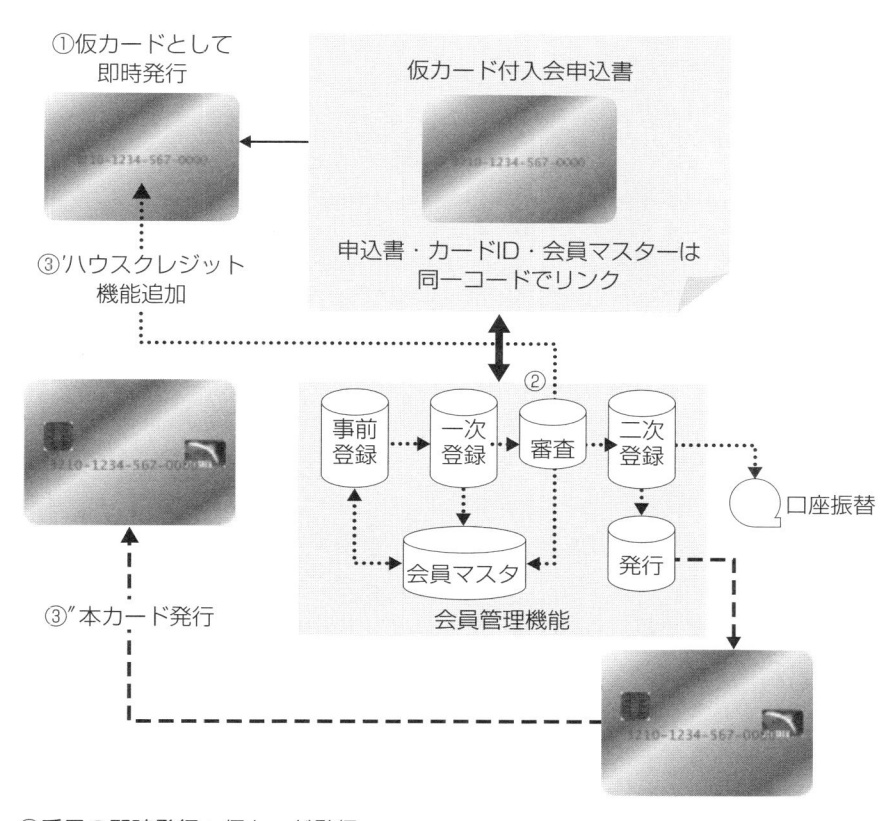

①**番号の即時発行**：仮カード発行
- 仮（ポイント）カードのみで即時発行。
- その場でポイントが付くため，強力な入会動機となる。

②**審査**：後日審査→二次登録
- クレジット項目与信，キャッシング機能などに関する審査。
- クレジット項目を追加登録。

③' **機能追加**：ハウスクレジット機能追加
- 仮カードにクレジット機能を追加，マスター二次登録。
- 会員への通知，および口座振替依頼書の送付。
- 同一会員番号でポイント残高はそのまま移行。

③"**本カード発行**：後日郵送
- 本カードを発行，マスター二次登録。
- 会員への通知，および口座振替依頼書の送付。
- 同一会員番号でポイント残高はそのまま移行。

4 カスタマーロイヤリティとカード

▶**Customer loyalty**

　カスタマーロイヤリティ，顧客ロイヤリティとは顧客が特定のカードやブランドに対して持つ忠誠心のことです。顧客が使用するカードやブランドを1種類に絞り込んで変更しないこと，「使うならこのカード」など，カード会員が持ち続ける心理的状態あるいは，使用時の意思決定結果をいいます。

　マーケティングの狙いはカスタマーロイヤリティの向上，つまり「お得意様」の育成にあります。これはカードをマーケティングツールとする場合も，カード自体をビジネスとしてマーケティング展開する場合も同じです。
　なぜなら，一般に新規の顧客開拓には高いコストが掛かるからです。それに対して，既存顧客はマーケティング・コストが低く，利益率も高いという傾向があります。したがって，あらゆる企業にとって高いロイヤリティを持つカード会員の拡大は重要な課題となるのです。

　つまり，活発な既存顧客やカード会員を多く抱える企業はその分だけ高い利益を得ることができます。そして，さらに高いロイヤリティを持つ「お得意様」は，「評価」で企業と新規の顧客を結びつけることすらあります。ネット社会の進展により「お得意様」の重要性はより高まっています。
　したがって，企業のマーケティング担当者は，以下の5つを満たす必要があります。
　① 標的市場のニーズを明確にして仮説を立てる
　② そのニーズに適合したカードサービスと機能を開発し，市場に提供する
　③ 新しい機能やサービスの開発には常にイノベーションを図る
　④ イノベーションによるマーケティングミックスを展開する
　⑤ その結果，顧客を創造し，その満足をより高める

カードマーケティングの概念

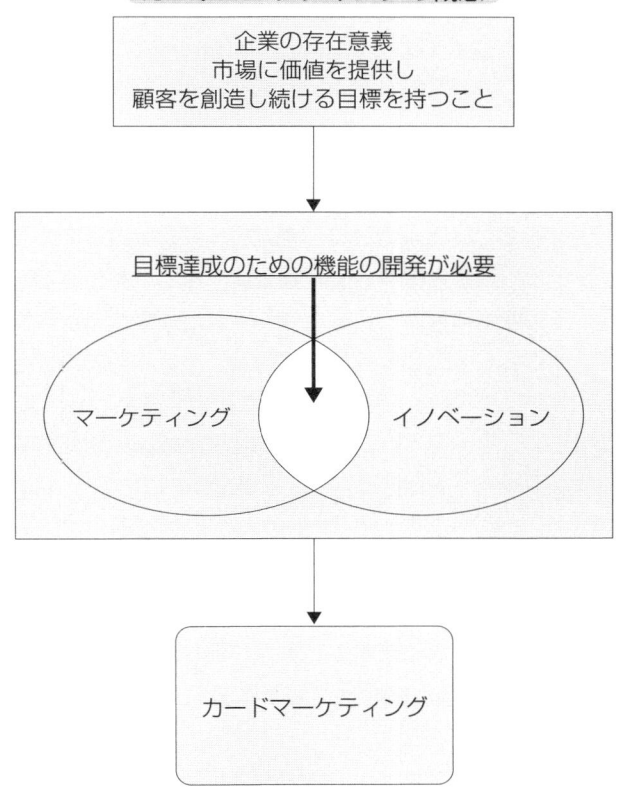

```
┌─────────────────────────┐
│      企業の存在意義      │
│    市場に価値を提供し    │
│ 顧客を創造し続ける目標を持つこと │
└─────────────────────────┘
              ↓
┌─────────────────────────────────┐
│    目標達成のための機能の開発が必要    │
│                                 │
│   ( マーケティング )( イノベーション )  │
│                                 │
└─────────────────────────────────┘
              ↓
        ┌──────────────┐
        │ カードマーケティング │
        └──────────────┘
```

　つまり，同業他社に対する競争優位の確保のため，カスタマーロイヤリティを向上するのが使命といえるのです。

　まとめれば，目標を達成するための機能開発のためには，マーケティング戦略と不断のイノベーションが必要であり，カードマーケティングの概念はそこにあります。

第4章 カードとマーケティング

5 顧客ロイヤリティが進むと キャッシュレスになる

▶収入のキャッシュレス

　収入の面からとらえてみると，日雇いやアルバイトは日給制の現金払いです。また，雇用が安定し，派遣労働者や契約社員になると，給与は銀行への振り込みとなります。正規雇用になると月給となり，賞与も振り込まれます。

　大手企業ばかりでなく，長らく現金支払いであった公務員も給与の振り込みが実施されています。つまり，月給は1カ月遅れ，賞与は半年遅れのキャッシュレス支払いといっていいでしょう。一部は現金払いの給与もあるでしょうが，収入はすでにキャッシュレスとなっています。

▶支出のキャッシュレス

　毎朝，駅のコンビニで買う新聞は現金払いか前払いの電子マネーです。

　一方，自宅に配達してくれる新聞は，1カ月遅れの集金や口座振り替え。初めて立ち寄ったお店は現金払いですが，いつも立ち寄るお店ではお得意さまとして「ツケ」がききます。

　流通業では，多くの店舗でPOS（Point of Sales＝販売時点情報管理）が導入されています。POS導入の目的は，品揃えの良さを高めたり，欠品を無くすことにあります。つまり，流通業の最大の使命は，顧客の欲しい商品をすぐに提供することにあります。

　しかし，大事なことは「お得意様」には「現金の保有にかかわらず」商品を渡すことです。これが顧客とお店の間の信用表現といえるでしょう。現金を介在する取引は「非信用取引」であり，古来，「お得意様」ビジネスはキャッシュレスが基本なのです。「お得意様」ビジネス，つまりマーケティングの狙いはカスタマーロイヤリティの向上にあり，キャッシュレスこそ重要な差別化要因なのです。

収入も支出も１カ月遅れの時代

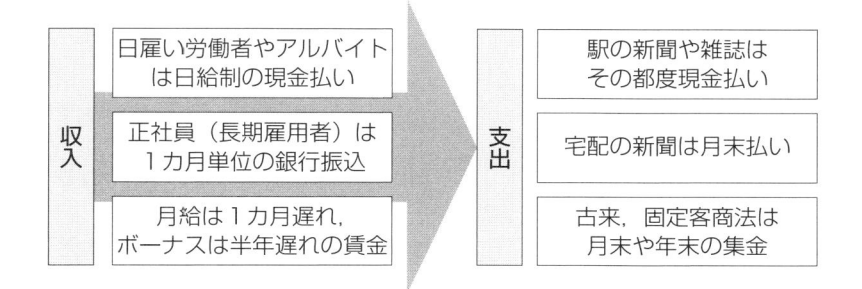

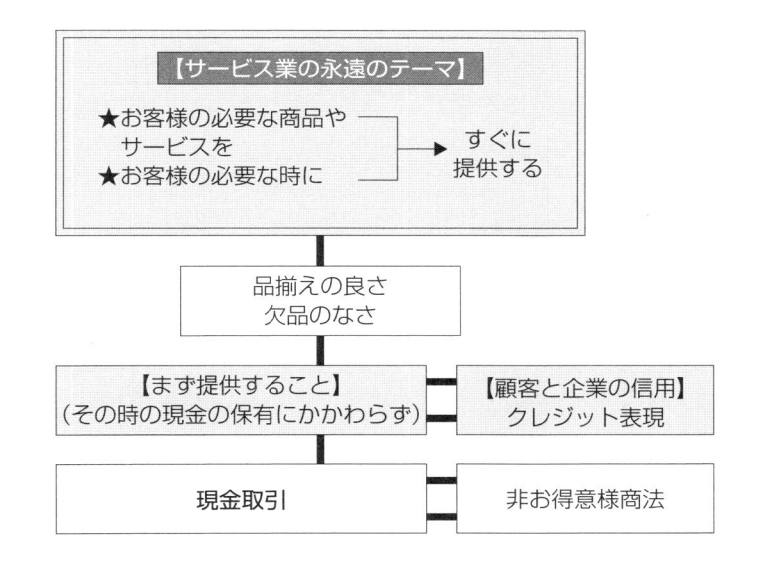

収入
- 日雇い労働者やアルバイトは日給制の現金払い
- 正社員（長期雇用者）は１カ月単位の銀行振込
- 月給は１カ月遅れ，ボーナスは半年遅れの賃金

支出
- 駅の新聞や雑誌はその都度現金払い
- 宅配の新聞は月末払い
- 古来，固定客商法は月末や年末の集金

【サービス業の永遠のテーマ】
★お客様の必要な商品やサービスを
★お客様の必要な時に
→ すぐに提供する

品揃えの良さ
欠品のなさ

【まず提供すること】
（その時の現金の保有にかかわらず）

【顧客と企業の信用】
クレジット表現

現金取引

非お得意様商法

第4章 カードとマーケティング

6 真の競合はどこなのか？

　「家電量販店においては家電量販店，百貨店においては百貨店，流通業においては流通業が競合相手である」
　果たしてそうでしょうか？　このような考え方は，競争戦略上狭い視点でしか市場を捉えていません。なぜなら，収入から支出までの一連の流れをみると，金融機関の口座から引き落とされる内容にも目を向ける必要があります。わが国は，クレジットカードの支払いは口座引き落としであり，給与振り込み後に比較的早い時点で決済されます。各流通業やサービス業が自社のクレジットカードに力を注ぐのも，ここに理由があります。

▶「純」可処分所得とは
　現在では，収入から支出に至る時間の流れのなかで，競争戦略を考える必要があります。
　サラリーマンの場合，総支給から真っ先に決済されるのは税金，社会保険，そして年金です。残りが給与振り込みとして金融機関に振り込まれます。口座に入った給与から最初に引き落とされるのが，水道，光熱費，住居費，各種ローンとクレジットなどです。その後に，食費，被服費，各種交通費，医療費などの固定的支出が待っています。
　そして，最後に残った現金が純粋な「可処分所得」です。しかも，大事なことはクレジットカードのショッピング決済は，リーマンショック以降の不況下でも着実に伸びていることです。
　つまり，クレジットカードによる口座引き落とし金額は増加を続け，ますます現金残高が縮小していきます。マーケティングや競争環境の認識に，キャッシュレスの概念が欠如していると，現金という縮小を続けるパイを奪い合う結果になります。

競争相手は？

見える競合 ← 競合流通業 ← 流通業 → 金融機関 見えない競合

カード社会の進展は手持ち現金を圧縮する

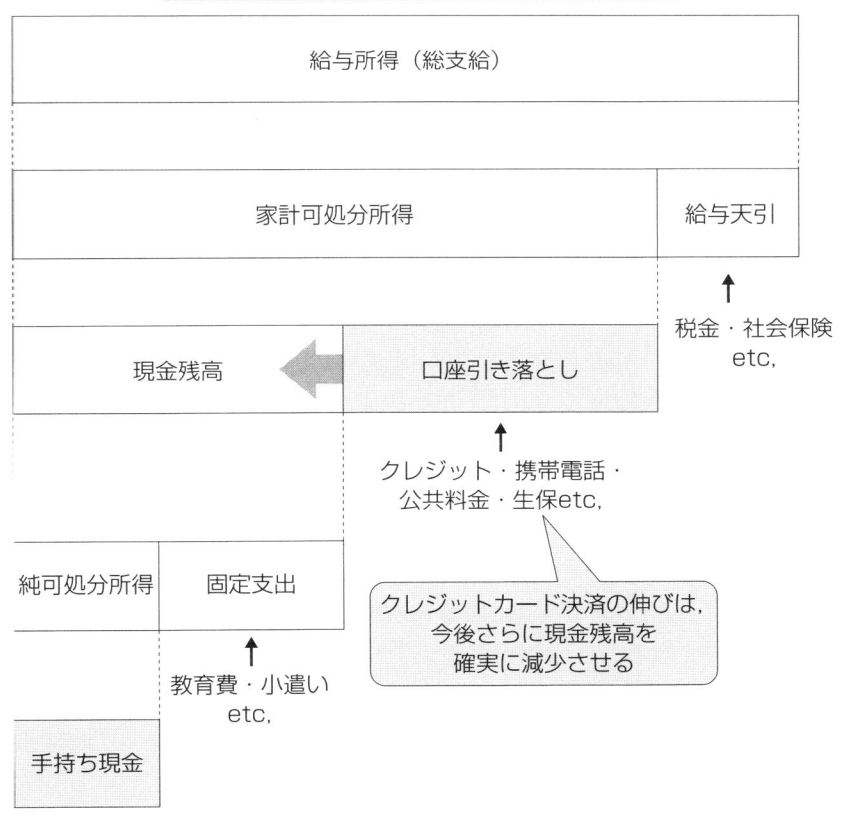

給与所得（総支給）

家計可処分所得 ／ 給与天引
↑ 税金・社会保険 etc,

現金残高 ← 口座引き落とし
↑ クレジット・携帯電話・公共料金・生保etc,

純可処分所得 ／ 固定支出
↑ 教育費・小遣い etc,

手持ち現金

クレジットカード決済の伸びは，今後さらに現金残高を確実に減少させる

7 垂直差別化と水平差別化（区別化）

▶垂直差別化

　誰から見ても，明確に性能や機能に差が付いている状態です。あるいは，同じ機能であれば価格や決済手段に差がある状態です。たとえば，同じ価格の薄型テレビでは，製品Aはデジタル放送対応ですが，製品Bはハイビジョン対応でハードディスクに録画ができて，インターネットにつながって，しかも３Dで見ることができるという差が垂直差別化の実現している状態です。

　ポイントカードに置き換えると，他と比べてポイントの実質価値が高く，いつでも，いくらからでもポイントを使え，扱えるお店が多い状態です。

　決済カードの場合では，プリペイド，デビット，ポストペイそして，１回払い・２回払い・分割払い・ボーナス払い・リボ払いなど，支払方法の多さや引き落としできる金融機関の多さ，加盟店の多さ，安心安全に代表されるセキュリティの高さ，そして与信機能の有無などです。

　もちろん，カードの機能は高ければ高いほどいいとされますが，逆に機能が低いほどいいというカード会員はいないでしょう。一般的に垂直差別化を実現するためには時間的・物理的なコストが掛かります。

▶水平差別化（区別化）

　マーケット全体を何らかの基準で分けた，同質なグループ（顧客セグメント）があるとき，その特定層だけが魅力を感じる状態です。たとえば，同じ講談社の女性誌でも講談社「Grazia（グラツィア）」が「私らしく大人修業！」をコンセプトとしていたのに対し，同じ講談社の「ViVi（ヴィヴィ）」が若いOLと女子大生をメインターゲットとし，ファッションと美容に関する記事が中心となっている状態です（Graziaは2013年８月をもって休刊）。

　それぞれに，優劣がついた状態ではないので「差別化」よりも「区別化」と呼ぶべきでしょう。

カードにおける垂直差別化と水平差別化（区別化）

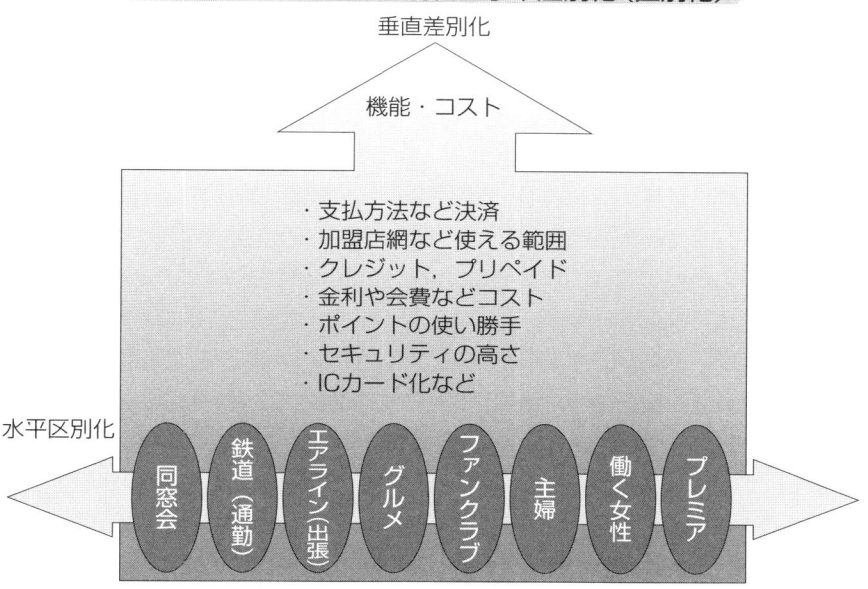

垂直差別化　↑
機能・コスト

- 支払方法など決済
- 加盟店網など使える範囲
- クレジット，プリペイド
- 金利や会費などコスト
- ポイントの使い勝手
- セキュリティの高さ
- ICカード化など

水平区別化　←　同窓会／鉄道（通勤）／エアライン(出張)／グルメ／ファンクラブ／主婦／働く女性／プレミア　→

　カードに置き換えると，ファンクラブの会員カードやスポーツクラブのカード，働く女性向けカード，そして，特定の企業で使える家電量販店のポイントカードや，旅行に便利な交通機関のカードなどがそれにあたります。

　これらのハウスカードに，クレジットなどの金融機能をクレジットカード会社が付保したのが提携カードといえるでしょう。

　提携カード化により，水平区別化したターゲットに，垂直差別化である高度な金融機能を加えることで，より強力な差別化を実現することができるのです。

8 経済的差別化 1

　経済的差別化とは，市場において一定以上の存在価値があり価格決定権を持つ企業が実施できる差別化戦略です。具体的には，製品やサービスを，「コスト差に基づいたものでない」2種類以上の価格などの経済条件で，市場に呈示することです。
　具体的には，顧客セグメント別，製品機能別，プレミアなど顧客階層別，エリア別，シーズン別といった価格決定があります。この経済的差別化は，前述の「垂直差別化」の具体例として，誰にでもわかりやすい差別化といえるでしょう。

▶経済的差別化が陥りやすい過ち

　経済的差別化で最もわかりやすいのが競合企業よりも有利な「値引き」や「ポイント加算」です。しかし，競合企業にとっては追従が容易であることから，その濫用は確実に企業体力を消耗させます。
　導入に際しては，時期，地域，階層別などを組み合わせて，対象市場に応じた，立体的な運用を仕掛ける必要があるでしょう。

▶経済的差別化の条件

　経済的差別化が効果を発揮するためには，以下のような条件が必要となります。これを見ると，施策としては簡単に実施できますが，効果をあげ続けることが困難であることがわかります。

1. 経済的差別化が合法である（独占禁止法の不当廉売）。
2. 対象市場が細分化でき，各セグメントに需要が存在する。
3. 競合がコスト要因などで，自社より低価格を設定できない。
4. 経済的差別化による需要拡大と収益が，総コストを超えない。
5. 差別化の実施によって，過去の購入顧客からクレームを呼ばない。

経済的差別化とは

秀 ↑
相対的品質
劣

Bargain　　　　　　　Premium

経済的差別化

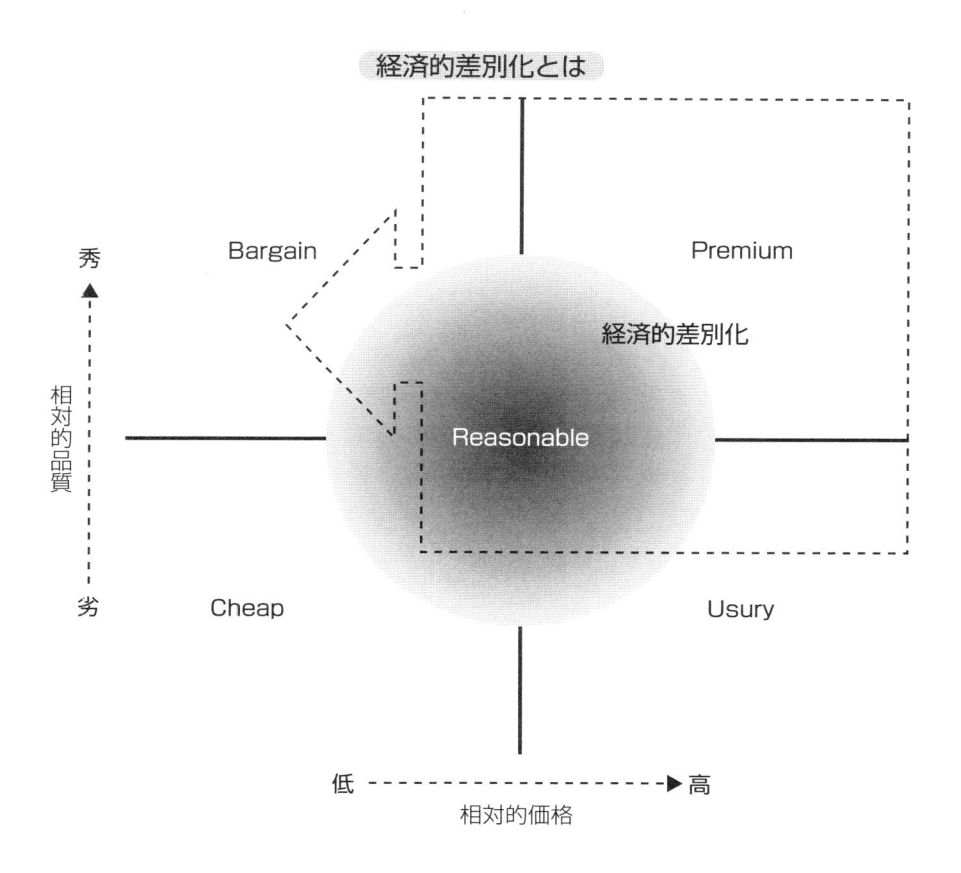

Reasonable

Cheap　　　　　　　Usury

低 - - - - - - - - - - - - - →高
相対的価格

　流通業では、「割引企画」を「絶叫プロモーション」と呼ぶことがあります。効果がすぐに現れるが、競合の追従を呼び込み、いずれ声枯れして倒れてしまうからです。
　それは、経済的差別化の条件3の「競合が自社より低価格を設定できない」状態は現実的には困難だからです。
　誰にでも簡単に実施できますが、それだけに競合他社の追従も容易な差別化といえるでしょう。

9 経済的差別化 2
：ポイントによる経済的差別化は可能か

▶ポイント競争は不毛の戦い

　多くの企業がポイントプログラムを導入しています。それでは，ポイントプログラムを実施する際のシミュレーションをしてみましょう。

　ポイントプログラムを実施する際に，企画担当が上申の理由として，顧客の固定化や情報収集の次にあげるのが，売上の拡大に伴う利益の増大です。（ポイントカードによる情報の収集が困難なことは，拙著『図解カードビジネスのしくみ』（中央経済社刊，2013年）118ページに記載しましたのでご一読ください。）

　右表は，ポイントプログラムを導入した際に，損益分岐点となる売上拡大がどの程度必要となるかを示しています。わかりやすくするために，ベース売上高を10,000円としてポイント付与率1％をA案，付与率10％をB案としています。A/B案ともに，企業の純利益率を25％，ポイント発行率をマーケティング目標として既存客80％，ポイント還元率を顧客がポイントサービスを活用している顧客支持率として80％と設定しています。ポイント発行時にもポイントが付く設定にしています。

　結果は，1％ポイントの時の損益分岐点売上拡大は102.6％，同じく10％の場合は134.4％であることがわかります。

　なお，企業の保有するシステムや販促施策によって大きく異なる，カード製造コスト，システム償却コスト，販売促進プロモーションコストはあえて除外しています。したがって，競合も同様のサービスを展開している場合には，かなり厳しい目標数値であることがわかります。

ポイントプログラムシミュレーション

		A案	B案	
前提条件	追加売上分に対する利益率（発行企業粗利益率）	25%	25%	
	ポイント発行率	80%	80%	マーケティング目標
	ポイント還元率	80%	80%	顧客からの支持目標
	ポイント付与率	1%	10%	
	純利益率	3%	3%	
損益分岐点をクリアする売上増加率		102.6%	134.4%	
ベース売上高（円）		¥10,000	¥10,000	
ポイント導入前利益		¥300	¥300	ベース売上×純利益率
売上100円あたりポイント原資		0.64%	6.40%	ポイント発行率×ポイント還元率×ポイント付与率
売上に対するポイントコスト率		0.64%	6.40%	売上100円あたりポイント原資
売上に対するポイントコスト		¥64	¥640	ベース売上高×ポイントコスト率
（ポイントカード製造コスト）		−	−	年度新規顧客への発行分を計上
（ポイントカードシステムコスト）		−	−	年度償却分を計上
（ポイントカードプロモーションコスト）		−	−	年間入金促進コストを計上
ベース売上に対する利益額		¥236	¥340	ポイント導入前利益−ポイントコスト
ベース売上に対する利益額を達成するために必要な追加売上高		¥263	¥3,441	売上に対するポイントコスト／（追加売上分に対する利益率（発行企業粗利益率）−売上に対するポイントコスト率）
追加売上に対する利益率（発行企業粗利益率）		25%	25%	
追加売上に対する利益額増加		¥66	¥860	ベース売上に対する利益額を達成するために必要な追加売上高×追加売上に対する利益率（発行企業粗利益率）
追加売上に対するポイントコスト		¥2	¥220	売上100円あたりポイント原資×ベース売上に対する利益額を達成するために必要な追加売上高
追加売上に対する利益額（ポイントコスト含む）		¥64	¥640	追加売上に対する利益額増加−追加売上に対するポイントコスト
ポイントコスト参入前の新しい利益額		¥366	¥1,160	ポイント導入前利益＋追加売上に対する利益額増加
トータルポイントコスト		¥66	¥860	売上に対するポイントコスト＋追加売上に対するポイントコスト
ポイントコスト算入後の利益額		¥300	¥300	ポイントコスト算入前の新しい利益額−トータルポイントコスト
合計売上額		¥10,263	¥13,441	ベース売上高（円）＋ベース売上に対する利益額を達成するために必要な追加売上高
損益分岐点をクリアする売上増加率		102.6%	134.4%	合計売上額／ベース売上高（円）

10 社会的差別化

　カード会員とカード発行企業との社会的関係，あるいはカード会員同士の社会的関係，そしてカード会員と加盟店との社会的関係により，ターゲット施策やサービスを差別化することです。

▶ゴールドカードは「機能に裏付けられた高額な年会費」に価値がある

　わかりきったことですが，ゴールドカードという名称をつけたり，デザインを金色とすることで差別化は実現できません。
　まず，優良顧客というターゲットを設定した状態で，対象となるターゲットに充分訴求できるだけの高度なサービス機能を開発し，入会金や会費など適切な手数料（Commission）を呈示することが基本です。また，そのゴールドカードのサービスに見合ったコストを負担できる顧客層が，企業の顧客層に一定数存在することも必要です。つまり，提供するサービスとその価格設定により，企業が一定の顧客層をカードでカテゴライズすることになります。
　その上で，カードを金色にする目的は，一目で「限られた層」という状況（スティタス）を各所で認識させるためです。

▶重要なのは「時間」の概念

　海外の流通業には「レジェンド」カスタマーという概念があります。これは一定額以上の取引関係の「継続」を重視する考え方です。たとえば，年間1,000ドル以上の購入者を上位カードとしてクラシック会員，同3,000ドル以上をゴールド会員としたとき，それぞれの購入金額を5年以上保持している会員を別途「レジェンド」として優遇する考え方です。この考え方は，プレミアカードにおいて顕著です。ダイナースクラブなどのプレミアカードにはMEMBER SINCE（いつから会員資格があるのか）の表記が見られます。

レジェンド会員の概念

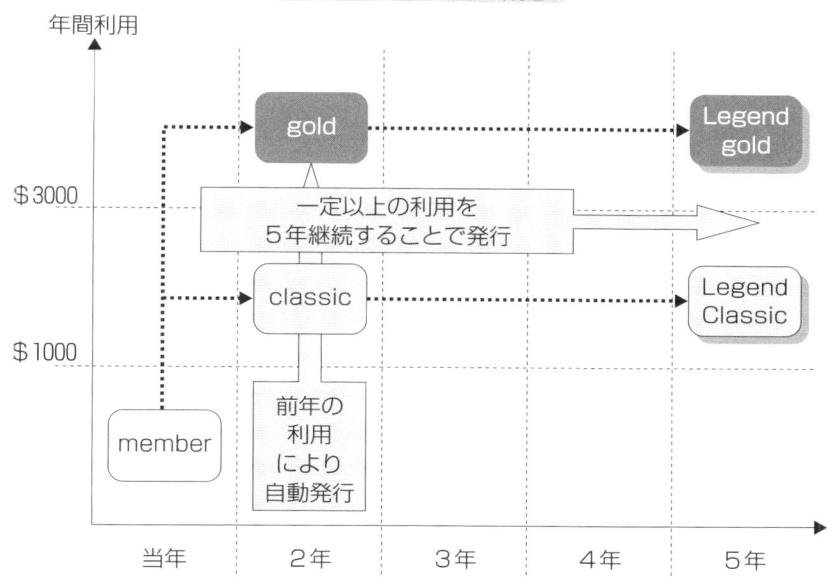

同一会員なら、カードデザインが変わっても発行年度は変わらない

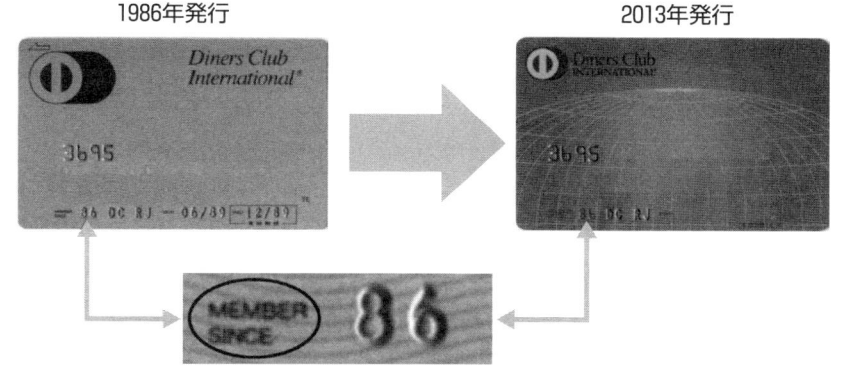

1986年発行 → 2013年発行

長期にわたる取引実績という概念を持ち込むことによって，競合の短期的な追従が困難となり，より重層的な差別化を実現することができます。

第4章 カードとマーケティング

11 構造的差別化

　構造的差別化とは聞き慣れない言葉ですが，提供される各種のサービスのフレームワークが特定の要素（人材と教育，施設や設備，ネットワークやコンピューターシステム）によって立体的に構築され，コアコンピタンス（Core competence＝競合が模倣できない核となる競争力）を確立している状態です。
　つまり，顧客に特定のサービスをもたらす技術，スキル，ノウハウが集合して競合が容易に模倣できない状態です。
　経済的差別化がたちまち模倣され，社会的差別化も競合ブランドのコンセプト変更や「時間」の経過などで優位性が揺らぐのに対し，構造的差別化の模倣は容易ではありません。

▶カードビジネスは構造的差別化が重要

　カードビジネスは装置産業といわれます。言い換えれば，カードビジネスにおいてコンピューターシステムは構造的差別化要因そのものでしょう。
　特に，ポイントカードなどに垂直差別化を具体化する，クレジット提携など，金融サービスの付加も1つの手段ですが，提携先の選定には注意が必要です。国際ブランドがついていればすべてのクレジット機能が同じように見えますが，提携先の審査基準やカード発行までの時間，窓口の接客応対，そして土曜日曜祝日などコールセンターの営業時間，ICカード化対応などクレジットカード会社によって大きく異なります。これらの目に見えないクレジットカード会社の基本的な対応力は，それぞれの企業によって大きく異なります。
　提携クレジットカード会社の差別化要因も重要です。提携クレジットカードは，加盟店とクレジットカード会社の契約によって成り立っています。
　表面的な経済条件だけではなく，クレジットカード会社の総合的な力である差別化要因と加盟店の市場戦略をお互いに見極めることが必要です。

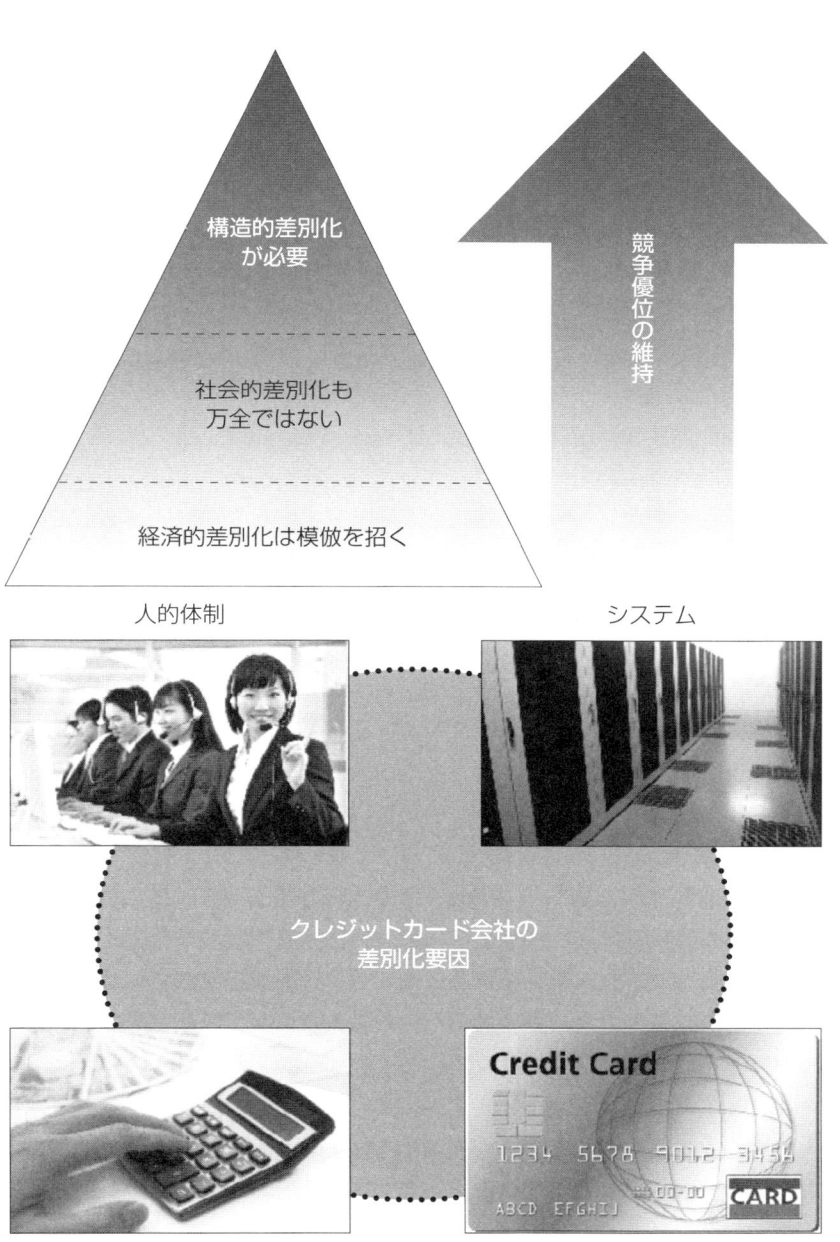

構造的差別化
が必要

社会的差別化も
万全ではない

経済的差別化は模倣を招く

競争優位の維持

人的体制　　　　　　　　　システム

クレジットカード会社の
差別化要因

経済条件　　　　　　　　　社会的条件

第4章 カードとマーケティング

12 カードと情報サービス

　カードはシステムと接続し，さまざまな情報サービスを実現します。カード決済ビジネスに新しく参入したSquare（160ページ参照）が提供する，新しい情報サービスを見てみましょう。

▶加盟店向け情報サービス"Register"

　SquareRegisterはiPadへの無料カードリーダーと無料のアプリケーションダウンロードにより提供されます。その機能は顧客とのコミュニケーションです。

　Squareの利用履歴はサーバーに蓄積されており，加盟店はレシートをメールやSMSで顧客に送ることができます。

　新しい機能により，加盟店は顧客に対し「Square Card Case」と呼ばれるアプリをダウンロードできるリンクを送ることができるようになりました。これにより加盟店は顧客とのコミュニケーションが可能になるほか，販売履歴による詳細なデータ分析が「手元」で可能となります。

▶会員向け情報サービス"Wallet"

　加盟店からの案内メールで「Wallet」アプリをスマートフォンにインストールした後，消費者はSquareを通じて利用した加盟店の発行するポイントカードなどを何枚でもここに保管できます（右イメージ参照）。

　そして，顧客カードをタップすると，加盟店の各種情報やクーポンなど販売促進情報が表示されます。売れ筋情報の他，会員の購入履歴に合わせたリコメンド（お薦め）情報提供などです。

　さらに，「名乗るだけ決済」機能ではGPSによる位置情報サービスで店舗と消費者接近を検知し双方に通知し，消費者を店舗に誘導します。

　決済時には店員が名前を聞き，画面に表示される消費者の顔写真と，レジの前の客の顔を見比べて，OKならば決済完了となります。

顧客がダウンロードしたアプリ上に各加盟店の会員カードやバーチャルクレジットカードを表示するユーザーインターフェイス（イメージ）。

> **コラム**
>
> **教会のお布施もカード払い**
>
> 　写真は，南仏トゥルーズにあるサンセルナン大聖堂の受付です。フランスではポピュラーな電子マネー「MONEO（モネオ）」のステッカーが。大回廊に入る際のお布施の支払いに使えます。10ユーロ以上はデビットカード「CARTE BLEUE（カルテブルー）」も使えます。

第4章 カードとマーケティング

13 カードとデータベース

▶**マーケティングレベルとデータベース**

それではマーケティングとデータベースの関係を見てみましょう。

広い市場でマーケティング活動を行う「マス・マーケティング」と，ターゲットを絞って行う「ターゲット・マーケティング」，そして顧客との密接な関係を構築する「ロイヤリティ・マーケティング」。そして，その最終到達系が「ワンtoワン・マーケティング」です。

このように，顧客との密接な関係をマネジメントするテクノロジーが，顧客と企業のさまざまな取引履歴をコンピューター上に記録する「顧客データベース」とそのアクセスキーであるカードなのです。

▶**競争優位の確立は，カードと顧客データベースの活用**

顧客データベースはコンピューターシステムによってコントロールされています。顧客との密接な関係を構築し，高度なマーケティングを展開し，競争優位を確立するためには，すべての業種で顧客データベースの活用が重要であることはいうまでもありません。

消費者と直接の接点を持つことが困難な消費財メーカーの近年の動きは，各社とも顧客データベースを装備し，通信販売により顧客との直接取引「ワンtoワン・マーケティング」を開始しています。

ただし，通信販売を専業で行う場合，カードは必ずしも必要ありません。インターネットや電話で通信販売の窓口にアクセスする際のID（IDentification＝利用者識別）とパスワードさえあればいいのです。

しかし，構築した顧客データベースを活かし，自社の顧客を実際の店舗に誘致したり，提携先を開拓してポイントサービスなどを展開するにはカードが必要になります。

マーケティングのレベルとデータベース

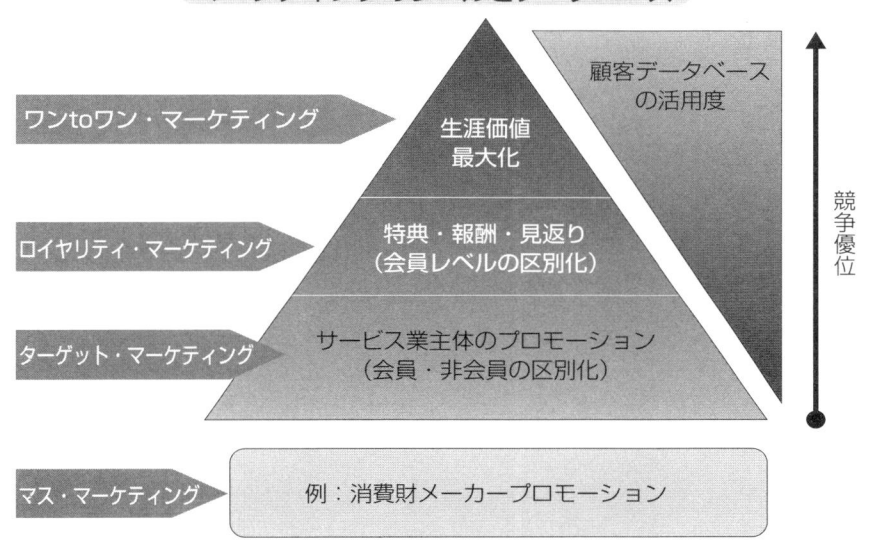

- ワンtoワン・マーケティング: 生涯価値最大化
- ロイヤリティ・マーケティング: 特典・報酬・見返り（会員レベルの区別化）
- ターゲット・マーケティング: サービス業主体のプロモーション（会員・非会員の区別化）
- マス・マーケティング: 例：消費財メーカープロモーション

顧客データベースの活用度 → 競争優位

　なぜなら，カードはリアル店舗や提携先から，遠隔地にあるコンピューターシステムへのアクセスキーだからです。

　いずれの企業も顧客との密接な関係を構築し，その生涯価値の最大化を狙っています。

第4章 カードとマーケティング

14 正確な顧客データベースの構築と運用 1

　顧客データベースの構築とその維持には，ノウハウとツールが欠かせません。
　この項では，CRMツールで実績のある，株式会社アグレックス（東証1部上場：東京都新宿区）のご協力によりそのポイントをまとめました。

▶データエントリー（登録）からの正確性

　顧客データベースの活用には正確なデータの登録が欠かせません。現在はインターネットから顧客が直接登録する場合もありますが，人為的なミスは避けられません。
　ミスとしては，たとえば郵便番号や金融機関コードの間違いや未記入などが挙げられますが，データエントリー時に参照する，住所マスターや金融機関マスターの精度がデータベース全体の精度につながります。

▶住所表記の最新化と統一化には「参照マスター」が重要

　全国の住所表記は刻々と変化し，また通称，俗称の地名も存在します。行政上の正式名称を正確に反映させるには，総務省所管である財団法人国土地理協会の情報などをベースにする必要があります。京都地区については，行政名と合わせて，公称として使用されている「通称名」も収録する必要があります。また，法人対象のデータベースビジネスでは，郵便番号が独自に付番されている高層ビル情報や事業所番号情報も必要になります。
　また，住所データベースには，旧住所の旧アドレスコードと，新住所へのリンク情報である新アドレスコードを収録する必要があります。この新旧のリンク情報があれば，旧住所から新住所への変換をオンタイムで行うことができます。

正確な顧客データベースの構築と維持には「参照マスター」が必要

顧客の登録するデータが正確とは限らない

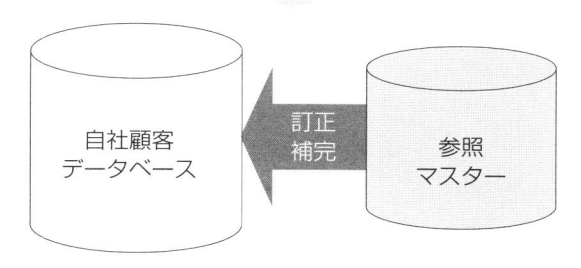

自社顧客データベース ← 訂正補完 ― 参照マスター

AGREX 社の「ADDRESS」

　参照マスターを基にして，登録時のデータを訂正・補正する必要があります。住所情報の最新化はもちろんのこと，郵便番号の付加，住所データ不備の救済や表記の統一が必要です。これには「参照マスター」が重要です。
　自動車の新車登録や，整備，保険には国土交通省が定める住所コードが必要となるなど，業界別に参照マスターの重要性は高まっています。

第4章 カードとマーケティング

15 正確な顧客データベースの構築と運用 2

▶データプロファイリング

　総合的な顧客データベースの品質維持には，データ内容を自動的に分析することが必要です。データプロファイリングとは，企業内に分散するデータを確認し，データの内容，品質および構造を明確化することをさします。

　具体的には重複チェックのような，項目内の単純分析だけではなく，それぞれのデータ従属関係などの幅広い分析が必要です。たとえばデータ内の「住所」が東京で，「電話番号」が大阪のような異常値を検出することです。

▶住所情報正規化

　住所情報の正規化とは，登録データの漢字住所，カナ住所などの文字列を読み込み，住所コードを付番するなど一連の住所情報クリーニングです。

　住所を正規化する際の問題点として，表記の揺らぎ（略称，通称，文字種の違い）や旧新住所の混在などが挙げられます。

　正視化とは，このような表記の違いをコンピューターシステムの「読み替えロジック」で救済し，さらに住所マスターとマッチングすることで正確かつ最新の住所に変換することです。

　具体的には，以下の4点が挙げられます。
- 住所コード（10桁）または住所コード（11桁）の付番
- 旧住所は最新の住所へ変換
- カナ漢字混在を統一
- 住所表記の違いをまとめる

　これらにより，顧客データベース構築で問題となる，重複データの名寄せやマネーロンダリングに対応することが可能になります。

　著名なデータプロファイリングツールとしては，アグレックス社の「Discovery」などがあります。

複数データベースのプロファイリングと正視化

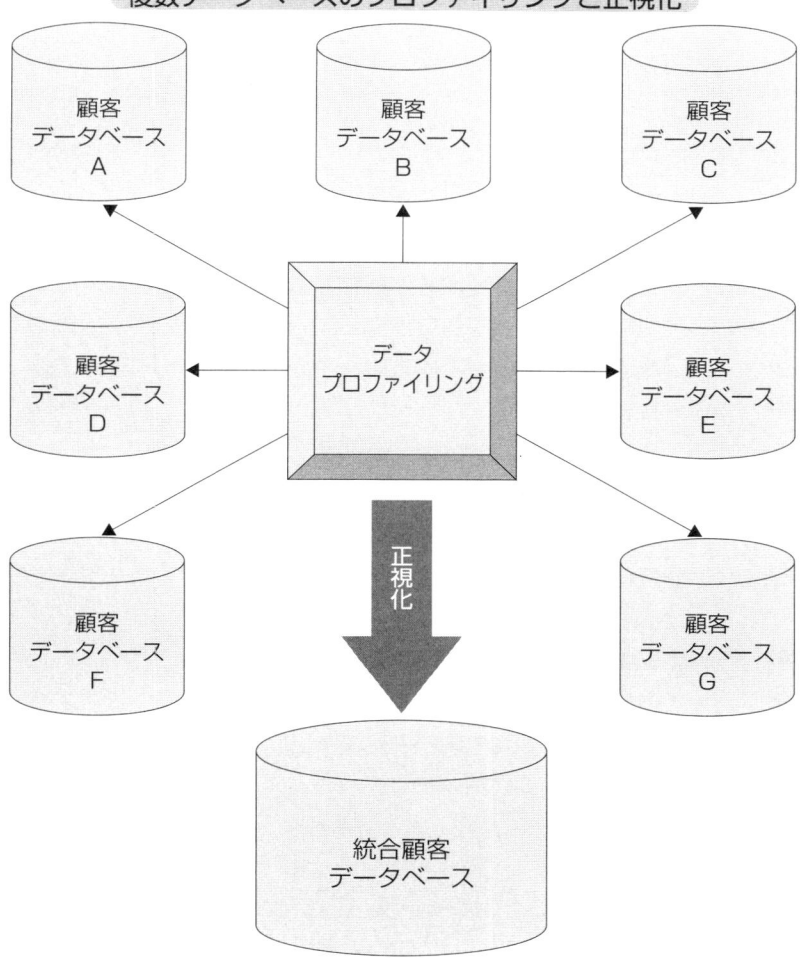

- 顧客データベース A
- 顧客データベース B
- 顧客データベース C
- 顧客データベース D
- 顧客データベース E
- 顧客データベース F
- 顧客データベース G

データプロファイリング

↓ 正視化

統合顧客データベース

第4章 カードとマーケティング

16 正確な顧客データベースの構築と運用 3

▶住所，姓名の標準化ツール

　住所や姓名，法人名については，申込書の記載の方法やデータ化する際の担当者の判断，その他さまざまな要因により，表記の「曖昧さ」が発生します。

　また，同じ住所や人物であっても登録データによって空白の有無や漢数字と算用数字の用い方，外字の使用，法人略称として（株）を用いているなど，さまざまな違いが生じます。

　住所，姓名の標準化は，住所や姓名，法人名のデータに対して，正規化ルールに基づく表記に沿った編集・クレンジングを機械的に行う必要があります。機械的に編集ができないデータについては，その後の調査・検証ができるように警告やエラーをシステムで通知します。

▶各種相違点の通知機能

　番地や号までの住所と，建物名の区切りを判断する場合，表記の仕方によっては機械的に判断ができないケースが存在します。この場合相違点を通知して人手によるチェックを行うことが必要です。

▶参照マスターとの連動

　住所正規化に際し，参照マスターと連動することで，照合できたデータを住所の地名部分と確定できます。これにより，建物名や番地などの判別精度が向上し，より精度の高い正規化を行うことができます。

　住所，姓名の標準化ツールとしては，アグレックス社の「AP-Converter・AP-Stylizer」などがあります。

データ登録の問題

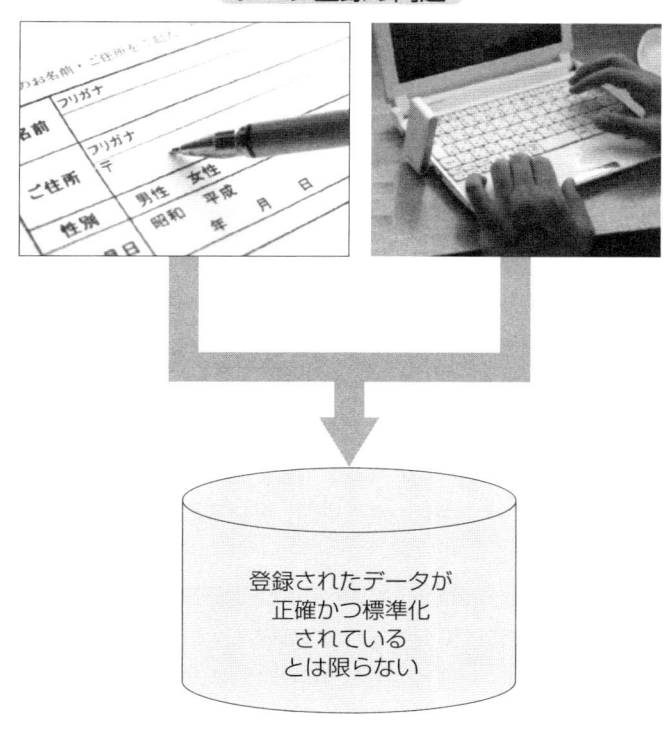

登録されたデータが
正確かつ標準化
されている
とは限らない

第4章 カードとマーケティング

17 正確な顧客データベースの構築と運用 4

▶企業「法人名」マスター

　法人カードなどBtoBビジネスの場合や，勤務先情報を扱うクレジットカードでは，「企業名参照マスター」も必要です。

　なぜなら，情報の起点であるデータの入力業務は非常に重要かつ，煩雑ですが企業名の場合，英文，カタカナ，通称など人により，ばらつきが生じやすいからです。

　この法人名登録を標準化し，一定のルールに基づいた正確なデータを収録するのが企業名参照マスターなのです。

　具体的には，実在する企業名と通称の入力により，通称を正規企業名に変換します。

▶個人「姓名」マスター

　「姓名マスターとは」，個人名の場合は，実在する姓名を統計的にファイル化したデータを利用してカナ姓名を漢字姓名に変換するなどして登録効率を向上するしくみです。

　データ登録は，膨大な作業となるために，データ登録効率が課題となります。

　データ登録効率を向上させ，かつ正確な情報を登録するためには，さまざまな，データベース構築ツールの活用が必須となります。

　法人名・姓名の参照マスターとしてはアグレックス社「AP-COMPANY・AP-PERSON」などがあります。

法人名登録は標準化が必要

システム	氏　名	生年月日	性別	住　所
Aｼｽﾃﾑ	ワタナベ　イチロウ	S45.0101	1	ｻｲﾀﾏｼﾀﾞｲﾓﾝﾁｮｳ5-5-5
Bｼｽﾃﾑ	渡邉　一郎	1970.01.01	男	埼玉県　大宮市　大門町５丁目　5-5
Cｼｽﾃﾑ	渡辺　一郎	1970.01.01	M	さいたま市大宮区大門町５-5-5

システム		住　所
Dシステム	テイーアイエス株式会社	東京都港区海岸１-14-5
Eシステム	TIS カード事業第二事業部	東京都港区海岸１-14-5
Fシステム	TIS.INC　本田　元	東京都港区海岸１丁目14-5
Gシステム	本田　元　1950.02.02 0	東京都港区海岸１丁目14-5　TIS竹芝ビル

⬇

企業名の場合，英文，カタカナ，
通称など人によりばらつきが生じやすい

第4章 カードとマーケティング

18 正確な顧客データベースの構築と運用 5

▶顧客情報入力支援ツール

　住所，姓名，金融機関，電話番号のデータ辞書を搭載した入力支援ツールです。入力の際は辞書を検索して登録するため，簡易・高速に入力できることはもちろん，誰が入力しても同じデータ品質を保持することが可能です。

　たとえば，インターネットにおいて必ずしも入力ルールを意識していない一般の人が顧客情報を登録したり，コールセンターにおいて音声情報のみを頼りに高速に登録したりするなど，入力データ品質の維持が困難な業務，あるいは高品質なデータが要求される業務に適しています。また，登録の際には，住所コードや金融機関コードを自動取得する機能がありますので，登録後のデータの保守性が向上します。

▶辞書ファイルと検索エンジン

　顧客情報の入力支援ツールには，インターネットやコールセンターなどさまざまなチャネルに対応した検索エンジンが搭載されている必要があります。また，「半角・全角混在」，「都道府県の有無」，「入力間違い」など，入力情報に表記のゆれ・誤入力があっても，正確かつ統一化した情報で登録することが必要であり，これにより精度の高いデータ管理が可能となります。このようなツールとして，アグレックス社の「Quick-Web・Quick-CTI」などがあります。

顧客情報入力支援ツール

- 住所マスター
- 氏名マスター
- 企業名マスター
- 金融機関マスター

入力情報の仕様を統一

お客様情報の登録フォーム

お客様情報の登録

第4章 カードとマーケティング

19 正確な顧客データベースの構築と運用 6

▶顧客電話番号データのメンテナンスツール

　電話番号を顧客検索のキーとしているデータベースが多いのですが，首都圏をはじめ都市部の転居は5～7％といわれます。

　つまり，顧客情報登録後，数年経過すると1割以上が陳腐化するのが顧客データベースといえるでしょう。

　電話番号メンテナンスツールとは，電話番号データをNTT交換機にオートコールし，その使用状況を「実在」「欠番」「移転」などのステータスに分類するシステムです。

　また，移転の場合には移転先電話番号を自動取得する機能も備えています。メンテナンスツールにより，電話番号の使用状況から顧客の転居有無などの存否確認ができるため，顧客情報の更新や不着郵送物の削減が可能となります。

　さらに，このようなツールにはベルの鳴動や着信履歴を残さず通信費もかからないツールがありますので，企業から顧客あてに連絡をとる，アウトバウンド業務の事前チェックにも有効となります。

▶利用目的

　単なる顧客データ整備だけではなく，郵便物不着防止，なりすましやレンタル電話など，推測材料としての与信業務支援などがあります。

　また，携帯電話の普及にあわせて，対応キャリアは固定電話だけでなく携帯電話，PHSなど全キャリアに対応していることが必要でしょう。

　このようなツールとして，アグレックス社の「DOLPHIN－NOVA21」などがあります。

電話番号メンテナンスツールアグレックス社「DOLPHIN-NOVA21」の分類例

分類	状況	備考
1．実在	現在使われている電話番号	半年以上無調査の場合，前回の契約者と同一人である保証なし
2．欠番	現在使われていない電話番号	郵送物が届かない可能性大
3．移転	現在使われていないが，移転先電話番号がアナウンスされているもの	移転先電話番号と住所を取得する（移転後3カ月間のみ可能）
4．取り外し	電話が取り外されている	住所変更はないため郵便物は届くと考えられる
5．電話番号誤り	桁数不足などでNTTが受け付けないもの	入力ミスなどのデータ誤り
6．不正番号	数字以外の文字が混在している	入力ミスなどのデータ誤り
7．非通話機器	非通知機器（ATMなど）と接続されている	再調査要
8．その他	上記に分類できないもの	再調査要
9．回線エラー	回線エラーで電話番号を検出できなかったもの	交換機側のトラブル／再調査要

コラム

世界で広がる汎用ギフトカード

　汎用ブランドを持ったギフト（プリペイド）カードが世界中で広がっています。写真はBNP　PARIBAS銀行が発行する，全面ホログラムの美しいICギフトカードです。券面にはフランスの銀行カード統一ブランドであるCARTE　BLEUEのロゴが入っています。
　カード番号は国際ブランド体系に則った16桁で頭の一桁が「4」ですからVisaのネットワークで処理されることがわかります。
　また，ギフトカードを送られる側の氏名が券面に印字されています。

　発行の申し込みは，送る側が口座を持っているBNP　PARIBAS銀行のホームページから，チャージする金額と送付先の住所氏名を入力し，カードのデザインとパッケージ（簡易型，豪華版）を選択します。約10日で発送されます。
　使い方は別便で送られる暗証番号を店舗で入力して使用します。
　日本の銀行が，キャッシュカードで買い物ができるジェイデビットカードを別口座でギフトカードとして発行するスキームですが，金融機関にとって一気に大きなビジネスに育っています。

付録　クーポン戦略に活かす決済カードデータベース

　古くて新しいプロモーション手段である「クーポン」の欠点を補完する手段として，決済カードのデータベースと決済ネットワークの組み合わせが注目を浴びています。

● フラッシュマーケティングとクーポン
　最近注目を浴びている，フラッシュマーケティングとは，商品やサービスの提供にあたり，割引価格や特典がついたクーポン券を数日間などの期間限定でインターネット上で販売するマーケティング手法です。
　限定された期間に限定された数量がそろえば取引が成立することから「共同購入型クーポン」といい，米国GROUPONが有名です。これにより消費者は，Twitterなどの「口コミ」を通じて情報を広げ，低価格で利用することができます。企業には新規顧客と広告宣伝により，見込み客を発掘できるという効果がもたらされます。

● 課題も多いフラッシュマーケティング
　米国ライス大学のUtpal M. Dholakia准教授（経営学）は，2009年6月から2010年8月の間に，大手クーポン会社のプロモーションを完了した19都市の企業150社を調査しました[i]。
　その実施企業調査によると，66％はプロモーションが採算に合ったが，32％は不採算だったとあります。採算性が良かった企業はスパなど施設提供型が多く，採算性が悪かった企業と比較して，クーポンの価値以上に購入・利用してくれた顧客の率が多かった（50％対25％）。また，クーポン利用の後も利用してくれた顧客の数も多かった（31％対13％）とあります。
　しかし，再度実施するかという質問には，半数近く（42％）が「行わない」と答えたようです。この中には，大手クーポン会社のプロモーションが利益になった企業5社も含まれています。
　その理由として，「企業側は，クーポン利用客が期待していたような顧客でも，事業の長期的な成功に不可欠な顧客でもないという認識が広がっている」と書かれています。
　つまり，「調査回答者の多くにおいて，顧客の，非常に価格に敏感な性格や，取り引きだけに関心を持つ傾向に幻滅する状況が生まれている」としています。

●クラスターを超えてはいけない

　大手の消費財メーカーにとっては，新製品の告知や消費者からのレビューに期待する効果が生まれるため，従来から各種のクーポンプロモーションが行われてきました。

　一方，商業やサービス業がクーポンプロモーションを実施した場合，美味しいサクランボだけを食い散らかす「チェリーピッカー」を店舗に呼び寄せるリスクもあります。

　しかし，なによりも注意をしなくてはならないのは，店舗や施設内の均一な顧客クラスターの中に，異なるクラスター層が混在してしまうことです。

　製品そのものが市場に知れ渡り，市場拡大が見込める消費財メーカーと異なり，商業やサービス業など，なんらかの施設を有する企業は売り場や買い場という「場」も大きな商材です。したがって，店舗の「場」が崩れると，クーポンの効果の高い施設提供型にとって，最も大切な既存顧客を失うことにつながります。

●特定クラスター顧客への，決済カードデータベースクーポン事例

　Visaは，自らの決済ネットワークを介して，割引クーポンを特定会員の携帯電話に配信するロケーションベースのサービスを開始しました。

　その，顧客第1号として，大手衣料小売チェーンのGapと提携したとVisaは発表しました[ii]。サービスの名称は「Gap Mobile 4 U」といいます。

○しくみ

　このキャンペーンは「Opt-in（配信を許す）」方式で，会員はWebサイト上で自分のVisaカード情報と携帯電話番号を登録する必要があります。

　登録後，そのVisaカードを利用してVisa加盟店で買い物をした際に，週に最高2通まで，Gapから特定顧客の携帯電話へクーポンがリアルタイムで送られてくるしくみです。

　しかし，フラッシュマーケティングとは異なり，クーポンは無作為ではなく，クラスターを絞り込んでターゲットにしており，しかも特定の条件を満たしている場合に限ってクーポンが送信されることが特徴です。

●なぜ決済ブランドVisaなのか

　決済カード事業者は，長年の決済ネットワーク内の不正検知・予防機能の開発で培った技術をベースに，決済カード利用者を特定することができます。

　具体的にはカード利用者の購買履歴や嗜好，年齢，性別，収入，就業状況，居住地域，活動地域などデモグラフィックデータなどの属性情報を瞬時に参照する

ことができるのです。

● **アンケート情報とは異なる決済データ情報**

　マーケティングリサーチとしてアンケート調査が利用されますが，注意が必要なのはアンケート調査には対象者の「思い，あこがれ」が反映されることです。

　具体的にいえば「一番読んでいる購読誌は？」との問いに「日経○○」と答えていても，実際には「競馬○○」や「少年○○」だったり，「買い物をする場所は？」との問いに，本音はディスカウンターであっても「銀座」「表参道」と答えるようなことです。

　そして，年齢記入欄に，31歳の方が29歳と答えてもエビデンス（裏付け）の取りようがありません。

　一方，決済データはカードの申し込みには身分証明の提示が必要ですし，なにより買い物の実績が蓄積されます。決済によって生じる情報は最も確実なマーケティングデータといえるでしょう。

● **決済データからクーポンデータを瞬時に生成**

　具体的には，Visaのネットワークを通過するカード会員の決済データがGapの定めた条件を満たしていれば，電子メールクーポンが会員の携帯電話向けにリアルタイムで生成され配信されます。

　その条件とは，たとえばVisaカード会員が買い物をした加盟店の郵便番号圏内にGapの店舗がある場合があったとします。

　その場合，（あらかじめ登録してある）加盟店の扱う商品カテゴリーにより，Gapの電子メールクーポンが発信されます。

　さらには，「午前中だけ」などの一定の時間帯を対象にしたり，カード会員のその日の買い物の合計額や回数をベースにしてクーポンを生成する場合もあります。

　電子メールクーポンには，「商品一品に限り半額。今から4時間以内」といった案内がメールに表示されます。

　メッセージにはバーコードが付いており，顧客は販売員に受信した電子メールクーポンメッセージを見せ，割引や特典を受けます。

● **効果と将来性**

　Visaは，個人的に送られるクーポンは無差別に送られるクーポンと比べ利用率が高いと指摘しています。

そして，消費者のショッピング体験をよりパーソナルなものにしたいという加盟店の要望に応えることのできる付加価値サービスだとしています。
　また，利用者がまだ付近で買い物をしているうちに販売促進のメッセージを送れることが，Gapにとって売上を伸ばすチャンスにつながる，ともしています。
　トランザクションのリアルタイム処理機能と，比類無い蓄積データ量を誇るVisaのネットワークならではのサービスといえるでしょう。
　Gapは，プロモーションのターゲットを絞り込む効率的な手段になると期待しているほか，顧客層の理解度を深めることに貢献してくれるサービスだと見ています。

●CRMへの応用
　この仕組みは，Gapにとって，リピーターがもっとショッピングをしてくれるというメリットがありますが，それ以上に，プログラムに登録した顧客の詳細情報を収集できるメリットがあるのです。
　たとえば，どの顧客がどの商品を買ったかといった詳細情報が把握できるため，「20歳の女性客にはデニムのジャケットは売れるか売れないか」などといった分析に役立つようになるでしょう。
　Gapは2010年11月から試運用を行っていますが，プログラムの成果をまだ公表していません。Visaも提携の詳細は明らかにしていませんが，ペイメントトランザクションのボリュームを増加させることが狙いでしょう。
　ロケーションベースとしてGPSなどとは異なり既存ネットワークを活用したローテクなサービスですが，Visaは他のリテーラでも近々展開する予定だとしています。
　Gapはマーケティング以外にもVisaとの協力でさまざまなモバイルプロモーションのテストプログラムを展開するようです。

●サービス拡大
　Visaは，カード発行会社や大手流通業数十社が，近々このサービスを活用する予定だとしています。
　カード発行会社ではロイヤルティ・プログラムとして利用可能です。
　たとえば，カード発行会社の自社ブランドのカードが利用されたら，カード発行会社の提携先のプロモーションメッセージをカード会員に送ることができます。その内容は，提携先のボーナスポイント，キャッシュバック，レジでの割引，あるいはストアクーポンの発行などです。

また，プロモーションメッセージを提携先のモバイルアプリケーションの中に送付したり，Eメールとして送付することも可能でしょう。
　Visaは，何らかのキャンペーンを展開中の流通業が，それを強化・サポートする目的でこのサービスを利用してくれることを狙っているようです。
　Visaは多くの加盟店がこのサービスプログラムに参加するようになれば，次のようなシナリオも可能だといいます。
　「あるカード利用者が早朝にガソリンスタンドで給油すると，近くのカフェのコーヒー割引券が携帯電話に送られてくる。利用者がカフェを利用すると，近所のショッピングセンター内の店舗が発行した『午後だけ有効』なクーポンが送られてくる……」。このような連鎖反応で顧客をショッピングセンターに誘導することも可能だとしています。
　さらには，カード利用時ではなく利用明細書が送付される段階で割引が提供されることも可能でしょう。これは流通業側での手間を省くためです。

● 競合
　このサービスに対する競合は，モバイルアプリケーションを通じてリアルタイムにクーポンを配信するGROUPONやLivingSocial，そして，チェックイン方式で割引きクーポンを時折配信するFoursquareやShopkick，ロケーションベースのSNS，Facebook Places Dealsなどでしょう。
　これらの競合サービスが，スマートフォン利用者が対象（GPS機能を必要とする）でアプリケーションをダウンロードする必要があり，しかもチェックインを要請する方式です。
　しかし，Visaは自社の決済ネットワークを利用するため，通常の携帯電話も利用可能で，アプリケーションのダウンロードもチェックインも必要なく，顧客の手を煩わすことを最小限に抑えている点が強みでしょう。
　また，Visaにはスケールメリットがあるため，これらのベンダーより優位だとしています。既存技術の応用ですが，Visaのカード蓄積データが有効活用されているといえるでしょう。

　注
　　i　http://www.ruf.rice.edu/~dholakia/
　　ii　http://usa.visa.com/gapmobile4u/index.html
※出所：TRC Inc,. BaysideWeb News Headline

※注釈

頁	番号	内容
50頁	1	日銀2012年「最近の電子マネーの動向について」より
52頁	2	Visaヨーロッパアニュアルレポート2012より
52頁	3	The Nilson Report 1014 March/2013

（すべてのクレジット，デビット，プリペイドカードが含まれています。通貨数値は2013年1月の米ドル換算です。ドルボリュームの数値は，現地通貨での前年比ベースで前年比を反映しています。Visaは，VisaヨーロッパとVisa社の合計が含まれており，VISA付エレクトロン，およびInterlinkブランド取扱分が含まれます。VISAカード数値には，PLUSネットワークのみのカードは含まれません。中国銀聯の国内における商業送金は含みません。MasterCardは，MaestroとCirrusネットワーク取扱分を含んでいません。）

頁	番号	内容
66頁	4	Visa Inc. 発表資料「数字で見るVisa　2013／6」
74頁	5	www.currencyofprogress.com
88頁	6	http://www.myvoice.co.jp/biz/surveys/14909/index.html
90頁	7	MasterCard資料
108頁	8	数値および資料は中国銀聯株式会社資料2012年12月より
128頁	9	経済産業省「平成24年度我が国情報経済社会における基盤整備」（電子商取引に関する市場調査）
152頁	10	ドコモからのお知らせ2013年2月22日
158頁	11	http://www.mobilecommercedaily.com/mobile-banking-will-exceed-online-services-by-2015-mercatus
158頁	12	http://www.bloomberg.com/news/2010-08-02/at-t-verizon-said-to-target-visa-mastercard-with-smartphones.html
159頁	13	Juniper Research "Mobile Payment Markets, Strategies & Forecasts 2008－2013"

おわりに

　執筆にあたり北米・欧州で取材を行い，さまざまなカードの決済現場や法規制の現状を確認することができました。欧米ともスマートフォン決済が急速に拡大を続けています。

　欧州は完全にICカード化され，ICチップ専用のカードが普及しています。米国はデビットプリペイド，そしてギフトなどすべての決済が非接触も含め，ネットワークで処理されています。やがて中国銀聯UnionPayカードはIC化され，フルオンラインオーソリのPIN＋サイン認証という，カード決済セキュリティを手に入れるでしょう。

　私事で恐縮ですが，筆者はカードのオンライン化直前にこの業界に飛び込んでから30年を超える年月，つねにエキサイティングなビジネス環境に身を置いています。世界に誇る「日本品質」をもってすれば，わが国は，これからも優れたビジネスモデルを生み出す可能性を持っています。

　世界と業界の壁を越えて広がるカードビジネスと，そのビジネスチャンスからまだまだ目が離せません。

　本書が，わが国のカードビジネスの発展に少しでも役立てば，これにまさる喜びはありません。

　最後になりましたが本書を上梓するにあたり，次ページに掲げた企業と

団体の皆さんから貴重なご助言を頂戴しました。

　また，今回も中央経済社の阪井あゆみ氏に多大のご協力をいただきました。

　みなさんがいなければ本書が世に出ることはなかったでしょう。ここに感謝の意を付して筆を擱(お)きます。

2013年11月

本田　元

取材にご協力いただいた企業および団体（取材日順）
Special thanks,　Un merci special,　Ein besonderer Dank
.

Visa Worldwide Co.,Ltd
MasterCard　Worldwide
JCB Co., Ltd.
CHINA UNIONPAY CO., LTD
American Express International, Inc.
Citi Cards Japan, Inc.
AGREX INC.
TIS R&D Center, Inc.（VanillaVisa,NBPCA, Square, VeriFone）
NTT DOCOMO,INC.
Seven Card service Co.,Ltd.
bitWallet,Inc.
SURUTTO KANSAI CO.,LTD.
TRANSEPT（VisaEurope,SEPA,Cityzi）
BNP PARIBAS（CARTE BLEUE , MONEO）
Hôtel Ascot Opéra 2, rue Monsigny 75002 PARIS

《著者紹介》
本田　元（ほんだ　はじめ）
1951年生まれ
1974年大手流通業の顧客管理システム担当SEを経て，マーケティング部門にて通信販売部および自社クレジットカード事業の立ち上げとその運営，加盟店業務に従事。その後，大手カードサプライヤーにおいて，カードビジネスおよびカードシステム開発に従事したのち，TISにて新世代基幹システムを担当。
2012年本田元事務所を設立し，TISなどの研究や個別案件を受託。現在に至る。
30年にわたり，加盟店業務，決済カード実務，カード基幹システムと一貫してカード業界とマーケティングに関わる。

〈主な著作〉
『改正法でこう変わる！　図解カードビジネスのしくみ』『新技術で決済が変わる！　図解カードビジネスのしくみ』『市場創造のプロモーション技法』（いずれも中央経済社刊）
月刊「消費者信用」誌（社団法人金融財政事情研究会）連載（2004年〜2005年「クレジットカードの未来戦略」，2006年〜2011年「カードビジネスの未来戦略」，2011年〜2013年「加盟店かく戦えり！」，2013年〜「決済技術者かく戦えり！」）その他多数

〈講演〉
消費者信用研究会，日本クレジット協会，CMC，セミナーインフォなど多数

TIS株式会社
ITホールディングス（一部上場）傘下のシステムインテグレーター。大手決済企業の基幹システム開発にも実績がある。

決済の世界はこう動く！
図解カードビジネスの戦略〈第2版〉

2011年9月1日　第1版第1刷発行	
2012年7月5日　第1版第2刷発行	
2014年2月10日　第2版第1刷発行	
2015年9月30日　第2版第5刷発行	

著　者　本　田　　　元
発行者　山　本　憲　央
発行所　㈱中央経済社

〒101-0051　東京都千代田区神田神保町1-31-2
電　話　03（3293）3371（編集部）
　　　　03（3293）3381（営業部）
http://www.chuokeizai.co.jp/
振替口座　00100-8-8432
製版／㈱プランニングセンター
印刷／三英印刷㈱
製本／㈱関川製本所

© 2014
Printed in Japan

＊頁の「欠落」や「順序違い」などがありましたらお取り替えいたしますので小社営業部までご送付ください。（送料小社負担）

ISBN978-4-502-08840-7　C3034

JCOPY〈出版者著作権管理機構委託出版物〉本書を無断で複写複製（コピー）することは，著作権法上の例外を除き，禁じられています。本書をコピーされる場合は事前に出版者著作権管理機構（JCOPY）の許諾をうけてください。
JCOPY〈http://www.jcopy.or.jp　eメール：info@jcopy.or.jp　電話：03-3513-6969〉